迷悟之间

星云大师

应变

生存之道

中華書局

图书在版编目(CIP)数据

应变:生存之道/星云大师著.—北京:中华书局,2014.11
(2015.6重印)
(迷悟之间)
ISBN 978-7-101-10236-9

Ⅰ.应… Ⅱ.星… Ⅲ.佛教-人生哲学-通俗读物
Ⅳ.B948-49

中国版本图书馆CIP数据核字(2014)第141889号

书　　名　应变:生存之道
著　　者　星云大师
丛 书 名　迷悟之间
责任编辑　焦雅君
出版发行　中华书局
（北京市丰台区太平桥西里38号　100073）
http://www.zhbc.com.cn
E-mail:zhbc@zhbc.com.cn
印　　刷　北京瑞古冠中印刷厂
版　　次　2014年11月北京第1版
2015年6月北京第2次印刷
规　　格　开本/889×1194毫米　1/32
印张6⅝　插页8　字数80千字
印　　数　6001-9000册
国际书号　ISBN 978-7-101-10236-9
定　　价　33.00元

星云

迷悟一念之间

从二〇〇〇年四月一日开始，我每日提供一篇“迷悟之间”的短文给《人间福报》，写了近四年，共一一二四篇。也于二〇〇四年七月结集编成十二本书，由台湾的香海文化出版。

此套书截至目前发行量已近两百万册。曾持续被《亚洲周刊》、金石堂、诚品等书局列入畅销书排行榜，三十一位高中校长联合推荐，以及许多读书会以此书作为研读讨论的教材，不少学生也因看了《迷悟之间》而提升了写作能力等等。

由于此套书具有人间性和普遍性，深受海内外人士的喜爱，除了中文版，其他国家语言的版本有：英文、西班牙文、韩文、日文……全球各种译本的发行量突破了五十万册。尤其难得的是，大陆“百年老店”中华书局也要在二〇一〇年五月出版中文简体版，乐见此套书能在大陆发行。

曾有几位作家疑惑地问我：“每日一篇的专栏，要持续三四年，实非易事！你又云水行脚，法务倥偬，是怎么做到的呢？”

回顾这些年写《迷悟之间》的情形，确实，我一年到头在四处弘法，极少有完整的、特定的写作时间。有时利用会议或活动前的少许空档，完成一两篇；有时在跑香、行进间，思绪随着脚步不停地流动；长途旅行时，飞机舱、车厢里，更常是我思考、写作的好场所。

每天见报，是一种不可推卸的责任；读者的期待，则是不忍辜负的使命。虽然不见得如陆机的《文赋》所言："思风发于胸臆，言泉流于唇齿"，但因平时养成读书、思考的习惯，加上心中恒存对国家社会、宇宙人生、自然生命、生活现象、人事问题等等的留意与关怀，所以，写这些文章并不是太困难的事。倒是篇数写多了，想"题目"成了最让我费心的！因此，每当集会、闲谈时，我就请弟子们或学生们脑力激荡，提出各种题目。只要题目有了，我稍作思考，往往只要三五分钟，顶多二十分钟，就能完成一篇或讲理述事、或谈事论理的文章。

犹记当初为此专栏定名时，第一个想到的名称是"正邪之间"，继而一想，"正邪"二字，无论是文字或意涵，都嫌极端与偏颇，实在不符合佛教的中道精神，遂改为"迷悟之间"。我们一生当中，谁不曾迷？谁不曾悟？迷惑时，无明生起，烦恼痛苦；觉悟后，心开意解，欢喜自在。

其实，迷悟只在一念之间！一念迷，愁云惨雾；一念悟，慧日高悬。正如经云："烦恼即菩提，菩提即烦恼！"菠萝、葡萄的酸涩，经由阳光的照射、和风的吹拂，酸涩就可以成为甜蜜的滋味。所以，能把迷的酸涩，经过一些自我的省思、观照，当下就是悟的甜蜜了。

曾经有些读者因为看了《迷悟之间》而戒掉嚼槟榔、赌博、酗酒的坏习惯；也有人因读了《迷悟之间》而心性变柔软，能体贴他人，或改善家庭生活品质，甚至有人因而打消自杀的念头……凡此，都是令人欣慰的回响。

《六祖坛经》里写道：“不悟，佛是众生；一念转悟，众生是佛。”迷与悟，常常只在一念之间！祈愿这一千余篇的短文，能轻轻点拨每个人本自具足的清净佛性，让阅读者皆能转迷为悟、转苦为乐、转凡为圣。

星云

二〇一〇年二月

于佛光山法堂

星云大师传略

星云大师，江苏江都人，一九二七年生，为禅门临济宗第四十八代传人。十二岁于宜兴大觉寺礼志开上人出家，一九四九年赴台，一九六七年开创佛光山，以弘扬“人间佛教”为宗风，树立“以文化弘扬佛法，以教育培养人才，以慈善福利社会，以共修净化人心”之宗旨，致力推动佛教文化、教育、慈善、弘法等事业。

在出家一甲子以上的岁月里，大师陆续于世界各地创建二百余所道场，并创办十八所美术馆、二十六所图书馆、四家出版社、十二所书局、五十余所中华学校、十六所佛教丛林学院，以及智光商工、普门高中、均头中小学等。此外，先后在美国、中国台湾、澳洲创办西来、佛光、南华及筹办中的南天等四所大学。二〇〇六年西来大学正式成为美国大学西区联盟（WASC）会员，为美国首座由华人创办并获得该项荣誉之大学。

一九七七年成立“佛光大藏经编修委员会”，编纂《佛光大藏经》、《佛光大辞典》。一九九七年出版《中国佛教白话经典宝藏》，一九九八年创立人间卫视，二〇〇〇年创办佛教第一份日报《人间福报》，二〇〇一年将发行二十余年的《普门》杂志转型为《普门学报》论文双月刊，同时成立“法藏文库”，收录海峡两岸有关佛学的硕、博士论文及世界各地汉文论文，辑成《中国佛教学术论典》、《中国佛教文化论丛》各一百册等。

大师著作等身，总计二千万言，并翻译成英、日、西、葡等十余种文字，流通世界各地。于大陆出版的有《佛光菜根谭》、《释迦牟尼佛传》、《佛学教科书》、《往事百语》、《金刚经讲话》、《六祖坛经讲话》、《人间佛教系列》、《星云大师人生修炼丛书》、《另类的财富》等五十余种。

大师教化宏广，计有来自世界各地之出家弟子千余人，全球信众则达数百万之多；一生弘扬人间佛教，倡导“地球人”思想，对“欢喜与融和、同体与共生、尊重与包容、平等与和平、自然与生命、圆满与自在、公是公非、发心与发展、自觉与行佛”等理念多所发扬。一九九一年成立国际佛光会，被推为世界总会会长；于五大洲成立一百七十余个国家地区协会，成为全球华人最大的社团，实践“佛光普照三千界，法水长流五大洲”的理想。二〇〇三年通过联合国审查肯定，正式加入“联合国非政府组织”（NGO）。

大师自一九八九年访问大陆后，便一直心系祖国的统一。近年回宜兴复兴祖庭大觉寺，并捐建扬州鉴真图书馆、接受苏州寒山寺的赠钟，期能促进祖国统一，带动世界和平。

大师对佛教制度化、现代化、人间化、国际化的发展，可说厥功至伟！

目 录

应变

人从出生之后，在母亲的襁褓中，就慢慢地在适应社会的环境，有时用手舞足蹈来讨得父母的欢喜，有时用哭泣来引起父母的关心，有时用微笑来博得大人的宠爱。

及至成长，在社会上学会各种应变能力。有的人学习忠孝仁爱信义和平，以礼义廉耻作为人生应变的准则；但也有的人用作奸犯科，以种种危害社会人群的奸巧邪恶，作为自己谋取生存之道。

其实，“优胜劣败”、“适者生存，不适者淘汰”，都在考验人的应变能力。例如遇到地震、干旱、洪涝等天灾人祸，人都要有应变的能力；当所处的环境发生了危机，人也应该要有处理的能力。

应变的能力，有时是一种物理反应，如寒暑表随气候冷热而变化；变压器随电压高低而变化。人，为了求取自我的保护，有时也不得不有各种的应变。

国际局势，风云变幻，考验外交人员的应变能力；马路上，穿梭的车辆，风驰电掣，很多意外的情况随时都会发生，这也在考验驾驶人员的应变能力。动物的保护色，随着生态环境的需要而变化；人心难测，这是因为随着利害关系而变化。

英国妇女喜欢戴高帽子，每入公共场所，尤其看戏时，妨碍后座的人欣赏戏剧，但也没有理由禁止，后来政府张贴公告："欢迎本国老女人戴高帽子。"从此女人戴高帽子的风气就不存在了，这不但应变得宜，也不失幽默。

晏子出使楚国，曾被城门守卫开小门迎接，藉以侮辱他。他说："出使大国要走大门，出使狗国才走小门。"因为他有应变的机智，终使楚国不得不开大门迎接他。美国九一一事件，虽然遭遇凄惨，纽约市长朱利安尼应变快速，很快恢复纽约的经济、商业、社会的运转，所以获得全民的爱戴。

佛陀说法，随机应变，看你是什么根机，他就对你"说空说有"、"说因说果"、"说入世说出世"，所以佛法都是应众生根机而变化。

但是尽管如何应变，所谓"万变不离其宗"，佛法真理，为了契机，必须要应变；在契理方面，则是亘古不变。所以，在应变之中有不变，在不变之中有应变，所谓"不变随缘，随缘不变"，这才是最好的应变之道。

小心眼

一般人都认为女人很小心眼，好像小心眼是女人的专利。其实男人也会有小心眼的时候，像皇宫中的“兄弟阋墙”、将军间的“争宠邀功”，都是彼此小心眼所引发出的“男人战争”。同时，男人也时常会为了争“上、中、前”而小心眼，也就是说，座位要坐“上”座、照相要站在“中”间、走路要走在“前”头，从这里更可以看出“小心眼”不一定为女人所专用的形容词。

历史上有许多的政治人物，如秦始皇等，也都曾经有过小心眼的时候。秦始皇到了晚年时，一直不肯传位，而到处寻找长生不老的仙丹妙药，这就是小心眼的心态而放不下尊荣的皇位。

佛经中也有谈到关于小心眼的譬喻，如“吐痰故事”中，有甲乙两位大臣，国王特别欢喜甲大臣，对乙大臣不太重视。乙大臣起初不懂为什么，后来终于注意到，原来每当国王吐痰时，痰一落地，甲大臣必然赶快将它擦掉，因此国王很欢喜。乙大臣心想：我也可以这么做呀！下一次乙大臣看到国王咳嗽吐痰，正想去擦，稍一落后，又被甲大臣擦去了。乙大臣心中很懊恼，提醒自己一定要抢先一步。这一天，国王又咳嗽了，乙大臣赶快飞起一脚踹出去，想先擦掉国王的痰，谁知道一脚出去，竟踢到国王的嘴上，把国王的牙齿也给踢落了。

另有一则譬喻，就是“妒徒坏法”的故事。从前有一位长老，天资聪慧，勤学好问，誉满士林。可惜用脑过度，不善调理，血气运行不顺，日夜两脚如冰。他有两个弟子，笃志修学，紧随师父，不离左右，师父为弟子讲学时，弟子则为师父按摩。两名弟子各按摩一只脚，但是两人常常相互嫉妒对方，隔阂也越来越大。有一天，甲因为有事外出，乙用心阴险，想毁坏甲的功绩，竟将甲平时为长老按摩的脚打断。甲回来一看，不禁痛哭起来，认为乙怎么这么狠毒，实在难以饶恕。等到乙出去的时候，甲也把乙所负责按摩的脚，照样打坏。由于徒弟的小心眼，却让长老身受其害。自古以来，讥讽别人善于利用“裙带关系”、喜欢“攀龙附凤”等形容词，这都是一般人因小心眼产生的“以管窥天”的狭隘心理。因此，所有的小心眼都来自于嫉妒心的作祟，它会透过谣言、中伤、诿过、排挤、疑心等展现于外，表露无遗。

你会小心眼吗？不妨自我观照一番！

刮胡子

一个人，身心上有很多的问题待处理，心上的无明、烦恼、妄想，一生一世都处理不好；身体上的问题，肥胖消瘦、肿胀干枯的毛病，也不知道有多少！

其实，光是一个脸部，每天也要花费许多时间去处理，不但女人要修面，要画眉，要涂唇膏，要上花粉；男人也要时常刮胡子。

有一则笑话说：一对还在蜜月期的新婚夫妇，恩爱逾恒，两人为了表示不分彼此，相约不管什么事都不能说“你的”、“我的”，要说“我们的”。一日，丈夫进入浴室久久不见出来，太太在门外娇声问道：“老公，你在里面做什么呢？”只听丈夫回道：“亲爱的，我正在刮‘我们的’胡子。”

刮胡子就是反求诸己，就是消除自己的缺点，胡子像杂草、像刺猬，对人没有帮助，反而有碍观瞻。所以，男人的一生，为了刮胡子，每天都要花费很多的时间，甚至刮胡刀也在不断地进步，常常都要买刮胡刀，也是一种花费。

人，为了消除自己的缺点，整理自己的仪容，要美观，要见得人，总该委屈自己，多一些花费。其实，你说不好的东西，你真爱护他，也可以转丑为美，转邪为正，像张大千、于右任，他们不刮胡子，把胡子留得长长的，有人称他们为“美髯公”。中东的男子，也以男人有胡子为荣，为了美化胡须，一样要费时费力。

“刮胡子”本来是每个成年男子整理仪容的日常小事，但后来却被引用来指称被长官、主管训斥，称为“刮胡子”，意即被修理的意思。

刮胡子其实深富处世哲学。刮胡子之前，必须先用足够的肥皂及热水清洗，一方面去除脸部多余的油脂，同时软化胡子。同样的道理，当你想要指责别人的错误时，如果先肯定赞美一番，再委婉地指出需要改正的地方，就比较容易为对方接受，达到“刮胡子”的目的。

也有一说：在刮别人的胡子之前，请先把自己的胡子刮干净。此说意味着，凡事应该先反求诸己。因为一般人只看得到别人的缺点，看不到自己的不好；凡事只知要求别人，不知反观自照，总有一天也会被人反刮一顿。

其实，自己没有胡子，何怕别人来刮；自己有胡子，如果别人要来刮你，也是当然的事了。

踢皮球

你会踢皮球吗？你踢来我踢去，我踢去你踢来，让皮球在你我之间来来去去，既不是你的，也不是我的；如此把事情推来推去，这就叫做“踢皮球”。

儿童犯了窃盗的行为，父母就怪老师没有把孩子教好；老师则怪父母怎么生了这样的儿女。家中的花瓶倒了，大姊说：是小弟没有把花瓶摆好。二妹说：是大哥把门打开，让风吹进来，才会把花瓶吹倒了。三弟说：是大姊把花瓶的水倒光，花瓶重心不稳，才会倒下来。兄弟姊妹互相推诿，互相不负责任，这就是我们人与人之间踢皮球的行为。

十字路口，有人摆了一个违章的摊位，路人向东边路口的警察检举，东边的警察说，那是属于西边的辖区。此人赶快跑到西边投诉，西边的警察说，那是隶属南边所管辖。此人再到南边提出，南边的警察又说，现在经过重新规划，那里已经由北方所管了。

此人深不以为然，跑到警察局去，里面的警员说：这件事我们需要请局长召开会议，大家研究研究再说。为了一块方寸之地，就可以让全社会、全国家的人一起来踢皮球。

还有一则事例，江苏泰兴县发生蝗灾，县官为了推卸责任，赶紧呈报上司："本县过去从来没有蝗灾，蝗虫是从邻县如皋飞来的。"并写了一道公文给如皋县的县官，请他下令严加捕捉。如皋县的县令也回了一纸公文，上面写着："蝗虫本是天灾，并非县官无才，既从我县飞去，还请贵县押来。"

互踢皮球是不负责任的态度，也是推诿过错的举动。一个国家，如果人人遇事就互踢皮球，不勇于任事，国家如何成其为国家？

"踢皮球"不能解决事情，何妨转换成"踢足球"的心态上场，人人争着抢球，希望能由自己的脚下进球得分；人人培养争取荣誉的心，替代居功诿过的心理，则人生的价值将不可同日而语了。

鸽子

有一种鸽子，放出去后，就不懂得回来，往往成为猎者的桌上肴，这种鸽子，人称之为菜鸽。另外有一种鸽子不管飞得多远，即使是千山万水，仍懂得回来，则称为赛鸽，是优秀品种。

不但鸽子有性格上的优劣之分，其它的动物，例如忠狗，即使吃亏受苦，他都不离开原来的主人，如果他是“有奶就是娘”的性格，也不值得让我们说狗是人类的朋友了。

过去的女人，树立一个贞节牌坊，所谓“三贞九烈”，为人称道；忠臣烈士，为主尽忠，为友尽义，所以本性上的人格孰优孰劣，正是所谓“路遥知马力，日久见人心”。

一个部队能不能战斗，就看你这个部队是训练成菜鸽，还是赛鸽。商场上，你的员工，帮你冲锋陷阵，也不是一时就能看得出忠奸成败，也是要经过考验，才能知道你这一群员工，是菜鸽，还是赛鸽呢？

做领导的人，遇到部下三心二意，吃里扒外，不安于位，也不必太难过，因为是菜鸽的性格，及早发觉，及早让他离开，免得将来损失更大，未尝不好！假如是赛鸽，你不识货、不识才，你任意把他当成菜鸽烹煮，这就太可惜了。

三国时代的徐庶，向刘备进言道：卧龙凤雏，二者得一，可以得国；因为卧龙凤雏皆是赛鸽也。历史上，末代皇朝所以亡国灭族，皆因为不知道运用赛鸽，而只养了一群菜鸽，故而同归于尽。

机关团体里，多少的菜鸽被淘汰，被遣散，我们也不必为这许多菜鸽感到难过，而应该要赞美那许多领导人，所谓慧眼识人才也。不遇到赛鸽的人才，不能认为是事业的成功；所谓事业的成功，要有一群赛鸽性格的部属，前途才有希望。

古人云：千军易得，一将难求。这就是说明：万千的兵卒容易招募，像韩信能够筑坛拜将，这就是汉高祖认识赛鸽的价值。看我们的国家，多少的赛鸽在国外楚才晋用，多少的菜鸽在自己的国家发威称雄，难道他们不能成为油锅中的烹炸，就是自己的国家之福吗？

希望我们的国家团体多养一些赛鸽，少去培养菜鸽，所谓“劣币驱逐良币”，良可惜也！

行动电话

环观今日的社会，不管男女老幼，大家都是人手一机。手机又称为“手提电话”、“行动电话”，甚至还叫“大哥大”。因为它轻巧可爱、携带方便，且能利用来跟空中的频道传输、上网，对于分秒必争的工商时代来说，确实带来无限的便利与商机。

尤其，在交通不便，临时找不到公用电话的时候，手机就可以帮助你解决很多的紧急事情，如：地震、山难、火灾等，因为有手机联络，才救回宝贵性命的例子，多不胜举。更有一些青年男女，谈情说爱，一机在手，其乐融融，因此手机能在这个时代里受到广大群众的青睐，可谓其来有自。

手机的种类林林总总、日新月异。时下不少青年男女为手机疯狂，甚至为了款式而计较。但也有一些为人儿女的，并不欢喜拥有手机，因为一旦有了手机，行踪就会失去机密性，就会受到父母的干涉，所以他们宁可不要手机，也要保全其所谓的“行动自由”。

手机虽然方便，但是不容置疑的，它也会造成别人的困扰，例如在会议中、在上课时，或是在医院里，手机一响，不但响声刺耳，甚至讲电话的人，放开嗓子，大声吼叫，毫不考虑旁人的感受，真可谓名副其实的“大哥大”。

也有一些驾驶人员，一边开车，一边电话不断，都让坐车的人感到胆颤心惊。甚至有的人在飞机上，还是少不了手提电话，因为它会影响飞航安全，总是让人挂念，因此航空小姐总在飞机起飞前，不断地广播，提醒旅客关闭手提电话。

当初，电话刚问世的时候，真让人有“天涯咫尺”、“天涯若比邻”的感觉；现在有了手提电话，更是觉得家人、朋友，随时都在身边。手提电话不但从最初的单频、双频到现在的三频，据悉今后的手提电话，通话时还可以看得到对方的影像，所以行动电话可以说愈来愈进步，有愈来愈多的功能了。

不过，科学的发达，不管任何一种新的产品，总以方便别人而不去妨碍别人为前提，喜欢用行动电话的人，能不注意及此吗？

方向

人，前进时要有方向，才能到达目标！

飞机在空中飞航，如果失去方向，可能就会发生空难；轮船航行在大海，一旦迷失方向，就可能遭受海难，难以登陆；汽车行在路上，如果迷失方向，也可能需要延误一些时间才能找到目标。

山难的发生，就是因为迷失方向，找不到来时的路下山；流水也要有一定的渠道，有方向才不会泛滥成灾。青年走入社会，有时灯红酒绿，迷失了方向，则前途就容易发生危险。

有方向，才能前进，所以国家有国家的方向，团体有团体的方向，士农工商各有各的方向。人的方向就是目标、理想、希望、原则，如果人放弃了目标、理想，则此人必定在茫茫的人海中迷失，找不到自我的成就。

飞机、轮船，都是靠着指南针、罗盘来掌握前进的方向；电车、火车也是靠着铁轨，才不致于走错方向。汽车更要靠着驾驶人员掌握方向盘，才能平安行驶。

人，为什么会走错方向呢？由于知见的错误、常识的不够，或者环境的改变，例如大自然气候的影响，起雾、下雨、刮风、下雪、淹水等，都会让行人迷失方向。

人生的旅途也常常会受到环境的左右而随波逐流，迷失方向，例如流行的追逐、名利的诱惑、朋友的误导、价值观的偏差等，尤其是当自己没有设定目标，对前途感到茫然时，要想不迷失方向，也是难矣哉！

父母带着小儿女走路，就是怕他迷失方向，老师课堂上的开导，也在指导年轻人前途的方向；佛陀千言万语的开示，更是为沉沦六道的众生导正方向。

一切众生在法界之中，有十个方向，你是选择地狱、饿鬼、畜生等恶道的方向呢，还是天道、人世、阿修罗的方向呢？还是超越六凡流转，要逆流向上到达声闻、缘觉、菩萨、佛道呢？

由于人在十法界里居于中枢的地位，是升是降，就看你选择的方向而定了！我们的方向，是善行、是光明、是平坦；要能安全，才是我们的方向。如果我们要到达自己的方向、目标，只要我们诚信、正直、慈悲、正见，何患不能达到人生最终的目标呢？

临时抱佛脚

“临时抱佛脚”这是形容人平时没有早做预备，例如读书不用功，到了考试时临时开夜车；好比平时没有一点储蓄，到了急难来时，临时希望别人帮忙，这就叫做“临时抱佛脚”。

考试临时用功，急难时有人帮忙，能够临时抱佛脚，也算好事，就怕临时没有佛脚可抱，那就凄哉惨也。

晴天准备雨伞，免得下雨时不能外出；白天准备手电筒，以便黑夜可以照亮暗夜行止。如果平时没有准备，临时抱佛脚，必有诸多的不方便。

一个人的身体，平时就要好好地照顾，要运动、要保健，不能让他受寒受暑，因为一旦生病了，不但自己要抱佛脚，还会增加家人、朋友的麻烦。

平时的家居生活，也要时时整理清洁，而且饮食要有时，不要客来扫地，客去倒茶，这都是临时抱佛脚的行为。

《禅林宝训》里有“重门击柝”，说明凡事要有事前的防备，免得出了事情，即使报警，甚至告到法院里，可是财物已经追不回来了。

现代人家里要装一支电话，以备家人在外有急事通知，或者朋友打电话来商量事务；平时家里要预备一些洋钉、铁锤，以备台风来袭之运用。水沟也要经常疏通，免得壅塞；庭园花草平时要让它水分充足，免得干枯。

有偈云："天下有二难，登天难，求人更难；天下有二苦，黄连苦，贫穷更苦。"如果你平时有所预备，则不管苦也好，难也好，都会降到最低，否则临时抱佛脚，万一没有佛脚可抱，那又怎么办呢？

与人相处，平时要多广结善缘，如此到了急难时刻，你不必抱佛脚，自然也会有因缘来帮助你。佛教叫人平时要念佛，也是为了万一到了紧急时刻，可以有佛脚可抱。平时父母、老师、朋友的叮咛、嘱咐，要我们这样、要我们那样，我们不要嫌其啰嗦，这都是怕我们将来没有佛脚可抱。只要我们平时多烧香、多结缘，急难来时，也就不必临时抱佛脚了。

说理

有人问一群盲者，大象像什么？甲摸到大象的鼻子，就说：大象像钩子！老师说：大象的鼻子是像钩子。乙摸到大象的耳朵，就说：大象像芭蕉扇！老师也说：大象的耳朵是像芭蕉扇。丙摸到大象的腿，就说：大象像柱子！老师说：大象的腿是像柱子。丁摸到大象的肚子，就说：大象像大鼓！老师也说：大象的肚子是像大鼓。最后一位瞎子摸到大象的尾巴，就说大象像扫把，老师也说：大象的尾巴是像扫把。

大象像什么？上面所说的钩子、芭蕉扇、柱子、大鼓、扫把等，都不是。大象像什么？大象就是大象，相似的东西都不是真相。这不是怪盲者，而是说明心盲的人就不能认识真相。

有一个人想向邻居借缝纫机一用，邻居说由于台北飞高雄的班机都取消了，所以他不愿出借缝纫机。借的人疑惑不解，飞机停飞和出借缝纫机有什么关系呢？邻居回答说：这两件事确实毫不相干，但我就是不想借给你缝纫机，所以用任何理由还不都是一样！

明理是做人的先决条件，所谓“有理走遍天下，无理寸步难行”。但是有时候“理”也不见得是万能的法宝，因为除了出世间法的真理之外，世间法常常是公说公有理，婆说婆有理，很多时候，理是说不清的。

人，因为立场不同，看法不同，道理也就不同。所谓道理，横说竖说，直说歪说，这样说那样说，都难以说透。所谓真理，是不经语言、不立文字、不假思维，所以真正的道理还是不说。就例如《维摩经》里，菩萨谈到什么是不二法门？维摩居士眼睛一闭，默然以对，文殊菩萨赞叹他“一默一声雷”。

有人说：秀才遇到兵，有理说不清。道理本来就不在说，道理是要自己去体会，是当下感受的。

世间上，道有理，天也有理，地也有理，人也有理，情也有理，法也有理，事也有理，你说哪一个道理才是对的呢？

军中的教育，对你讲理，这是训练，是要求；对你不讲理，是给你人生的磨炼。佛教的教育也说，以无情对有情，以无理对有理；在无情无理之前你都能接受，将来在有情有理的时候，你还能不服从吗？

释迦牟尼佛说：我讲经说法四十九年，我一个字也没有说！这不是佛陀客气，更不是佛陀说谎，真正说来，道理是不能说的，说也说不清，说也说不尽。因为道理是用来给人觉悟的，所以禅门讲“言语道断”，就是表达有理的意思。

现在的社会，都是用金钱在讲理，用权力在讲理，用爱情来讲理，用说谎来讲理，道理就这么简单容易明白吗？

有理不在高声，有理也不一定说明！原来不说，也是真理。

换人

有一些人，常常在事情做得不顺利的时候，就说“换人做做看”。“换人做做看”似乎成为天经地义的改进之道。

各部首长不称职，换人做做看，乃至县市长、乡镇里长等，凡是人民不满意，都要换人做做看。甚至现在的公司行号里，如果董事长、总经理稍有缺点，员工也高呼“换人做做看”！

因为人可以换，因此现在甚至于有换丈夫、换妻子、换职员、换老板，乃至换房子、换车子、换国籍、换器官等，好像世间上无论什么东西，都非换不可。

一场牌局，打牌的时候一直输钱，换个朋友、换个家人来代打，这就叫做换换“手气”；一场球赛，有些没有风度的观众，在旁边一直鼓噪、嘘声、乱丢东西，甚至于高喊：换二号、换三号、换投手、换捕手、换裁判，到最后终于有人忍不住起来大叫：换“观众”。

衣服穿破了，当然要换；家具用坏了，也是要换。每天吃的菜肴，当然也要经常换换口味；每天的生活方式，行住坐卧，也要换个姿势，换个想法，这也未尝不可。但是每天换得太多，必然就有问题了。好比换心脏、换肾脏、换皮肤、换眼角膜；这也换，那也换，换到最后，不但身体支离破碎，可能也已经不是自己的本来面目了。

买了一部新的跑车，几个月、几年下来，什么都不换，但是到了机械开始出故障的时候，要换轮胎、换引擎，那么这一部车也就到了快要报废的时候了。

汰旧更新，本来很好，假如换得太频繁，就例如世代交替，麻布袋、草布袋，一代不如一代！

现在的农业科技发达，水果长不大，换品种；稻米生产不多，换品种。不但农业方面要改良品种，前闻日本人嫌自己的民族个子矮小，他也要改良人种，希望后代愈来愈高大。

有的人，自己的父母不孝顺，反而去拜别人当干爹、干妈；自己的兄弟不和好，却到外面跟人家结交异姓兄弟。一个人到了连家人、父母都可以换的地步，你说现在改换国籍、改姓换种，也就不是什么稀奇的事了。

人，还是要有人的品格，应该换的就换，不该换的还是不换为好。

运动与做人

运动有益于身体健康，运动更可以训练一个人学习如何做人，例如打篮球，便是训练做人的方法之一。人有许多的缺点，都可以在球场上学习改进，从球赛中可以学到许多做人的修养。列举数点如后：

第一，人有不肯承认过失的习惯，篮球场上有一定的规矩，一定的动作，当你违反规矩时，裁判的哨子一响，你就得举手认错，而且留下了犯规的记录，你还不能有怨言。

第二，打球虽是激烈的运动，但是规定身体不能相碰，如果你的手肘、臀部碰到了对方，或者不注意，在抢球时手掌打到别人，裁判哨子一吹，你就要立刻向对方道歉，甚至握手致意，表示对不起。

第三，球场上可以训练快速敏捷，不可犹豫不决，因为打球的时候，投篮的机会往往就在那么一瞬之间，如果你性格犹豫，永远无法在球场上抢球立功，自然会遭到淘汰。

做人要如滚雪球，
越滚越有人缘；
做事要如织锦绣，
越织越有成就。
做大事要有魄力，
做小事要能细心，
做难事要肯忍耐，
做善事要求无相。

处处留心，
能够发现问题；
事事研究，
能够解决问题。

第四，球场上有敌我双方，两队各有五人，这是一个集体的运动，要相互合作、支持、团结，不可单打独斗；如果你不能跟别人合作，处处自以为是，不肯给队友制造机会，教练一定会把你换下来，让你尝尝坐冷板凳的滋味。

第五，球场上可以培养球员有荣誉感及自尊心，如果你没有冒险犯难的精神，没有冲锋陷阵去争取胜利，这叫做缺乏运动员的精神；如果你尽心尽力，使出浑身解数，即使输球，也能赢得别人对你的赞美。

第六，打球虽有甲乙两队，双方各有立场，互争胜利，但是球员必须要有互相尊重包容的雅量。对方的球员虽是敌手，但在打球的时候，你也要感谢他，如果没有他，球赛就不能开打了。

所以，现代的教育，课堂上的教育是传授知识，礼堂里的教育是训练人的道德，各种活动的参与是加强群育，运动场上的球赛，那就是体育了。一个四育并进的青年，才能学习做一个正常的人。

一场球赛，里面蕴藏多少勇猛、机智、慈悲的教育。要想强身强国，朋友们，不妨打一场篮球赛吧！

可爱的老人

佛经里有一则“老人国”的记载。有一个国家，认为老人没有用，就把全国的老人丢弃在荒野山区。老人一多，他们也在那里成立一个独立的小国。

有一天，不喜欢老人的这个国家收到外国使者带来一封国王的信函，全国上下没有人看得懂。本国的国王就下诏全民，如果有人能看得懂这封书函，将有重赏。有一个大臣自请国王容他带着书函去访求高明，隔天果然就把信函的内容解说明白，并就着书函所问难的问题，如：大象的重量如何秤得，如何辨别母子马，雌雄蛇如何分辨等，一一解答。国王很高兴，问他是如何办到的？大臣说：这就是老人的智慧。国王终于承认自己不尊重老人是一大错误。所以，老人不但可爱，也很有可用。

现在社会上的老人，有时候不为家人喜欢，不但是代沟的问题，老人的唠叨，老人的固执，老人的疾病，所谓“老病床前无孝子”，致使老人成为社会所要厌弃的东西。但是我们作为老人，要能够懂得享福，当有需要经验传授的时候，也要在青年晚辈欢喜你的情况之下，千万不能一直执着过往的方法，让人觉得你太过固执，致使年轻人不喜欢你。

老人不要倚老卖老，不要老气横秋，不要老而不化，不要老而固执。老人要有童心，要有开通的性格，能够拿得起，放得下；老人要老而有用，老而有趣，老而有才。

老人能常保一颗赤子之心，就能返老还童，如享有“台湾毕加索”之称的刘其伟，人称“老顽童”。老人总要有一些让人觉得他可爱的地方，像张大千的胡子、于右任的拐杖、郎静山的照相机、李天禄的布袋戏、陈达的“思想起”，这都是老人的可爱。

老人要有不服老的企图心、旺盛力，要做一个退而不休的老人，例如有的人在家含饴弄孙，有的人到公园扫地，有的人到街上拾荒。自己能够安排自己的生活，不但自己活得自在快乐，也不会造成家庭、社会的负担。

老人也要有智慧，能够给人一些启示上的价值。老人还要讲究专长，例如学计算机、学英文、学唱戏、学画画。老而能够读书、自修、著作、修行，日子比较容易打发。

老人不是年纪，而是心境；老人不在身体，而在心灵。如果在自己的性格上、能力上，都能与社会有利益、有关联。在家庭能够“老做小”，能够给人欢喜，则不但不会令人讨厌，还会受到尊敬当然就能够成为一个快乐而可爱的老人了。

颜色

彩虹的美，因为它有七彩颜色；百花所以美丽，因为它有五颜六色。

颜色，代表着各种不同的意义。红色表示热情，白色表示纯洁，蓝色表示忧郁，紫色表示高贵，黄色表示庄严，绿色表示开朗，黑色表示稳重。

中医有一句话说："望而知之谓之神。"根据中医的说法，人的五脏配五色，即：青、赤、黄、白、黑，配肝、心、脾、肺、肾；也就是说，人的五脏一旦出现问题，从脸上显现的颜色就能诊断出病因。

颜色可以作为诊查身体疾病的参考；在人格道德上，有时也会被冠以颜色。例如：警察、军人被称为白道；地痞流氓、恶棍强梁则是黑道。所以一个人在世间上生存，不能轻易染上一点颜色，你要有好的颜色，才能让别人尊重你。

在《阿含经》里有一段记载：有一天，阿难看到一块白布，就对佛陀说："那块布好白呀！"佛陀说："可惜上面有了污点。"阿难说："那只是一个小点而已。"佛陀说："那么你把他买回去。"阿难说："我不要，因为它有了污点。"佛陀说："虽只是一个小污点，整块布也就没有价值了。"

人生一旦有了污点，就如白布有了瑕疵。但是，人生也要包容各种颜色，才会多彩多姿，因为人有黄种人、黑种人、白种人、红棕色等各色人种。不但如此，连佛祖都有"五方佛"，如《瑜伽焰口》说：青色青光、黄色黄光、赤色赤光、白色白光、黑色黑光；这也是代表人性，代表宇宙之间，人生彩色的不同。

古希腊的哲学家曾经探讨：牛吃绿色的草，却长出红色的牛肉、白色的牛乳、灰色的牛角、红褐色的牛粪。如同一个人受了教育，他的本质可能随着所受的教育不同，也会散发出不同的功用。此即说明，人的本体是可以随着因缘而千变万化。

因此，人虽然有种种相，但佛陀说众生平等，可见颜色只是相互为用，没有谁好谁坏；尽管世界五颜六色，但我们的心中只有一色，即一大总相，不要把颜色分门别类，我们要用平等心来化解世界的各种颜色，作为一体同观。

总之，这是一个彩色的世界，天空有七色彩虹来庄严天空的美丽，大地山河、春夏秋冬，也用红花绿叶的缤纷色彩来给自然界增添美丽。即使是西方极乐世界的阿弥陀佛，也要以红花放红光、白花放白光，用光的色彩让人觉得极乐世界的可爱。因此 在这个色彩缤纷的世界里，人与人要互相合作，互相包容、互相尊重；能够容许各种不同颜色的存在，人生才会灿烂缤纷。

设备代替人力

现代科技发达，电器化的设备乃至计算机化的发展，使日常生活中处处享受着“以设备代替人力”的便捷。

厨房里，有快速炉、微波炉、烤箱、洗米机、洗碗机，甚至有洗衣机、烘衣机、吸尘器等，因为设备齐全，所以节省了家庭主妇许多体力上的损耗。

大楼里，有升降机、电梯，甚至还有自动门、遥控电卷门等，方便住户的上下、进出。工厂里，过去雇用人员守卫，现在用红外线的防盗系统，以及监控录像机，不但节省人力，还可防止监守自盗。

饭店的管理，一二百个房间，本来需要二三十个人服务，现在因为以设备代替人力，如利用计算机控制，透过机器操作，客人住进房间里，要茶水，计算机一按就有；想寄信，电铃一按，就有人来拿；有传真、E-Mail，床前灯一亮，什么都可以清清楚楚地知道。

早上需要morning call的服务，不必人工，只要计算机设定，时间一到，电话铃声自然会叫你起床。甚至透过计算机上网，可以代客购买火车票、飞机票等，因为设备多了，至少可以减少三分之二以上的人力管理。

建房子，过去以人力挑沙石、搬水泥、搅拌混凝土，现在以机器代替，大大节省了人力的劳动。庭园里，树木花草可以透过定时喷水器，保持经年常绿；草皮长高了，不要紧，有除草机可以服务。因为有这许多设备，再也不必人力劳动，减少许多人力的辛苦。

千山万水，飞机、轮船、汽车都可以代步；家人分居在五大洲，手提电话到处可以闲话家常。这些都是现代化设备带来的好处。

但是，以设备代替人力发展下去，过度物化，人类不但四肢退化，头脑也愈来愈简单，甚至处处依赖机器，将人力作业的趣味剥夺了，最后失去做人的乐趣，这何尝不是损失？

尤其教人忧心的是，机械设备会慢慢淘汰人类的存在吗？甚至现在机器人的发展，万能的人类难道不会都成为机器人吗？用设备代替人力，这到底是人力的进步呢？还是人类的退化呢？

其实，电器设备再好，还是要透过人脑控制、管理；再说电梯有停电、故障的时候，计算机也有中毒死机而不听使唤的可能。所以，设备再好，只能用他来代替人力，但千万不能让设备取代了人脑。

品种

现代人选择结婚对象时，除了两情相悦之外，还特别重视所谓的“优生学”。因此在品种的绝对保证之下，不管相貌、才学、品格、性向、家世、生活习惯等的相互匹配，都格外地讲究。所以，有的儿女像父母，也有的是隔代遗传像自己的祖父母，甚至不单是容貌相仿，连家风、思想、性格都能一致。如过去的杨家将，一门忠烈，都有忠诚爱国的思想传统。

在古代，不准汉人与蛮夷通婚，为的是能保持优良的品种。然而，品种的优质真能有绝对的保证吗？历史上贤能的帝王尧和舜，他们却都各有一个害父的不肖子弟；三国时曹操人称枭雄，却有个忠直善良、才高八斗的儿子曹子建。

不只是人类的传宗接代重视品种的优质与改良，像动物、植物、花草、树木等，也莫不如此。如：越是纯种的名犬，价钱越是昂贵；母燕看到子燕从巢中掉落下来，必定弃之不顾，剔除于外，这就是品种的优质保证。

除了品种的保证之外，最重要的是能更为提升，现在市面上的蔷薇、玫瑰、台湾玉井芒果王、柑桔等，都是透过“品种改良”而提升其价值。

过去有个大学教授，带着儿子去买水果，正当他用心挑选的时候，老板不客气地说道：“你要买就买，不买就滚开，不要挑三拣四的。”教授谦下地说：“对不起！对不起！”

买完水果的路上，儿子不高兴地说：“父亲！我非常看不起您，您堂堂一位大学教授，为何如此窝囊？”父亲不愠不火地回答：“所以，我是大学教授啊！”

由此可见，人是需要透过教育来提升自己的道德品格、思想信仰与恢弘的气度。然而，所谓“近朱者赤，近墨者黑”，在成就过程中是有条件因缘的，是需要有名师与善友的引导，才能让品种的改良达到真、善、美的境地。

爱情与爱欲

我们的生命从哪里来？简单地说，是从“爱”而来的。爱是生命的根源，没有父母相爱，我们何能得生？

把爱净化就是慈悲，把生命升华就是本性。爱情，例如我们爱大自然、爱山、爱海、爱树、爱花，但我们没有想要占有。甚至于我们看到一栋房子建得很艺术，看到一部车子造型很新颖，看到一个人长得很漂亮，我们也会生起爱心，但是我们并不想占有。所以，爱情是人的本性，不是罪恶。

爱欲不同于爱情，爱欲就是想要占有，想要获得，因而成为自私的贪欲；因为有贪爱，因此染污了自性，故曰爱情与爱欲是迥然不同的情感。

人类从爱情而到爱欲，所以不管家庭里或社会上，总在欢乐与烦恼里纠缠不清。甚至即使是修道的人也有烦恼，烦恼的来源也是因为在爱情里存在着爱欲，所以心海荡漾，不能平静。

不过，爱情纵有烦恼，它是春风细雨；爱欲的烦恼，那就是漫天风云，往往排山倒海而来。英王爱德华八世“不爱江山爱美人”，这是情与欲的混杂，两者皆有；戴安娜王妃则是过于纵欲，因此遭遇悲惨的结果。

唐玄宗爱杨贵妃，完全是欲的冲动，即使乱伦也毫不顾忌；吴三桂爱陈圆圆，“冲冠一怒为红颜”，完全置国家社会于不顾，这也是欲的冲动。

修道的人也有爱，如佛陀为年老的比丘穿针引线，为生病的修道者倒茶侍候；佛陀对周利槃陀伽、尼提、阿难、优婆离、罗睺罗等弟子，都有很多爱的故事，那是净爱而没欲染。

爱情与爱欲，最不好的后果就是嫉妒，因爱生妒。有人说，在世界上可以找到不吃饭的女人，但找不到不吃醋、不嫉妒的女人。其实，嫉妒也不是女人的专利，男人也会嫉妒。男人在外应酬，酒色财气，太太都能忍耐，假如是太太跟其他男人一席谈话、一次往来，往往情海生波，家庭生变，可见男人也会嫉妒、吃醋。

人在佛教里称为“有情众生”，人间不能没有爱心，有爱才有力量，才能升华。希望我们的社会，人人都能把爱情转化为慈悲，并且把过度的爱欲断除吧！

发现

有人说：这个世界不是缺少真、善、美，而是缺少发现。

人类最伟大的发现是什么？哥伦布发现新大陆，牛顿发现地心引力，考古学家发现国宝文物，例如北京人、恐龙、马王堆、兵马俑等。

禅师行过千山万水，归来后偶把梅花嗅，发现原来春在枝头已十分。禅者经过数十年的修行，有一天开悟了，大叫：我悟了，我悟了！别人问他悟的是什么？他回答说：我发现师姑原来是女人做的。

物理学家发现了原子、电子、分子，生物学家发现花草的变种基因。

有一则笑话，老师问学生："发现与发明有什么不同？"学生说："我爸爸发现了我妈妈，爸爸和妈妈发明了我！"

"发现"是已存在的事实，"发明"则需经过加工制造，才能有利于人。瓦特从水蒸气而发现了动力，进而发明蒸汽机，推动了世界工业的发展，开启了人类自动化的时代；富兰克林发现了电，爱迪生进而发明了电灯，不但将白昼延长，而且改变了人类古老的日出而作、日落而息的生活规律。

“需要为发明之母”，因为需要，人类根据物理、生化等科技，发明了种种电器、医疗等产品。但有时神来之笔，不经意的小动作也会启发创作的灵感，据说回纹针就是这么发明的。

不管有意、无意的发明，先决条件是要有益于人，但世间事往往事与愿违，诺贝尔发明了甘油炸药，本意是要造福人类，却让有心人拿来制造毁灭性的武器，于是他当机立断，立下遗嘱，创立“诺贝尔奖”，以奖励对世界和平进步事业做出贡献的人，作为弥补。

佛陀发现了“诸法因缘生”的真理，但众生不肯相信；伽利略发现地球是动的，遭到教廷判处死刑。虽然我们没有智慧发现真理，没有能力发明物用，但对于别人的发现、发明，应该给予肯定，心存感恩；时常心存感恩的人，你将会发现：人生原来可以过得这么欢喜！

两面人

“两面人”是一句骂人的话，形容一个人不诚实，在这边是一个面孔，在那边又是一个面孔。他没有是非的观念，没有忠奸的辨别，好像墙头草，随着风吹到东就向东，吹到西就向西。

两面人，又指一个人在两者之间，口是心非，表里不一，或者挑拨离间，或者讨好双方，这都是称为两面人。

两面人给人不安全感，因为他说的话，是真是假，是可行是不可行，让人没有把握。古代的策士、谋士，用各种的计策让对方上当，他忠于主人，是站在一边的立场讲话，虽是用计谋伤害了别人，但是在人格上，他有立场，他比两面人要受人尊重。

做人，本来有善恶之分，善人，讲道德，讲仁义，他只有一种性格，就是做好人，做好事，说好话；如果是恶人，就是表现得奸佞邪曲，骗人上当，损人伤人，对人没有好心好意，即使偶尔有一些可取之处，也只能说他坏得没有那么彻底而已。不过这种人毕竟还是要比两面人稍微好一点。

人，不管是做好人、做坏人，只要不虚假，一切坦诚相对，总还好相处。但是双重性格的人，以伪善的面孔，假装好人，实际上心如蛇蝎。所以两面人最让人无法估计他是真是假，是好是坏，在他伪善面孔下，让人上了当还不自知呢？

其实，一个人如果装成两面人，也不能长久。一下是佛面，一下是魔面，一下是人脸，一下是鬼脸，让人上当，不能认清本来面目；但是一次、二次，多次以后，穷其伎俩，就会受到所有人唾弃了。

有一种人，见人说人话，见鬼说鬼话，这是老于世故，并没有两面人的可怕。两面人，有时披着绵羊的外衣，做出豺狼的行为，说出豺狼的语言；两面人，有时装成雄狮猛虎、蛇蝎美人，但实际上他是装腔作势，欺压善良罢了。

两面人最可怕的就是他的性格，不让你知道他的本来面目，他论东说西，是好是坏，让你捉摸不定；他论长道短，所说全都言不由衷。他当面称赞你以后，转身就骂你了；你把他当成好人，实际上他是害你的，这就是两面人。

战国时代，庞涓表面上是爱护孙膑的，暗地里却已经替他设下了杀身的陷阱，庞涓就是十足的两面人；唐朝时，武则天表面上对王皇后敬重有加，实际上却设下圈套，一步步地置她于死地，武则天就是两面人的性格。

信心进步道业增，
努力接受学业成，
做人圆融怨尤少，
口常赞叹福德全。

人生的价值，
在于实现大我；
人生的意义，
在于服务大众。

坏人可怕，恶人可怕，不过我们知道他是坏人，是恶人；两面人，我们把他当成善人，实际上却陷害我们，我们还不自知。所以，两面人更有甚于坏人、恶人之可畏惧也！

自我要求

人，欢喜要求别人，要你正派，要你勤劳，要你这样，要你那样，他就是不晓得要求自己。

要求别人，是靠不住的！别人有别人的拥有，别人有别人的性格，别人总不是我。要求别人，到了最后，也都不落实；人，最直截了当的，就是一切事反求诸己。要求自己，实在是人生最好的方法。

你要聪明智慧，你就要多读书；你要事业成功，你就要多集资、积德、结缘，事业自然成功；你要健康，你就必须运动、保健、注意营养，这是别人无法代替的。

你要求人缘，你要结缘；你要求发财，必须播种布施。凡是自我希望什么，要求别人不一定能够如愿，要求自己，才有成功的希望。

你要学计算机，买了很多最新功能的计算机；你希望考试金榜题名，买了很多的模拟参考书。你自己不用功，计算机也好、参考书也好，都不能自动地帮你解决问题。所以，凡事求诸己，自给自助，才有人助，自己用功、用心，才能得到多助。

黄檗禅师的“不着佛求、不着法求、不着僧求，当作如是求”。就是要我们求助自己；“自依止、法依止，莫异依止”，意思也是要我们反求诸己。

自古以来的圣贤，成就不世的功劳，大部分都是以身作则，自我要求很高，他才能成就事业。他不把一切希望寄托在别人身上，凡事要靠自己；万里的路程，要靠自己迈开脚步，别人不能代替我们走路。

禅宗有一则公案，有两个人结伴外出参学，其中一人心生退却，另外一人鼓励他：“我会尽力帮助你，但是有三件事我帮不上忙，一是吃饭；二是拉屎；三是走路。”意思是说，你要自己解决问题，才能一起上路。

有一只小蜗牛，总是嫌自己背上的壳既笨重，又不好看，它羡慕天上的飞鸟，有天空守护；它羡慕地下的蚯蚓，有大地为依。但是蜗牛妈妈告诉它：你不靠天，也不靠地，你要靠自己身上的壳。身上的壳虽不美丽，虽很笨重，但却是你自己的安全保障；嫌弃自己，羡慕别人，哪里会成功呢？

观世音菩萨手持念珠，他也是自己念自己，所以凡事自我要求，才有成功的一天。《金刚经》说：“凡所有相，皆是虚妄。”“若人以色见我，以音声求我，是人行邪道，不能见如来。”执相而求，终是离道愈远，为什么我们不向自己内心的真佛去求呢？

从今天开始

从明天做起！明天又有明天，不知是那个明天？从今天做起！今天就是当下，就是即刻开始。

有多少人想做事，都说明天开始；几天、几月，甚至几年，都没有开始。读书写文章的人，也都说明天开始；几年后，书也没有读，文章也没有写。

有两个人要到普陀山朝圣，一个即刻成行，一个说明天再去。今日成行的早就回来了，明日再走的，因为明日事多，一直延期，始终未能成行。

明朝钱鹤滩的《明日歌》说："明日复明日，明日何其多。我生待明日，万事成蹉跎。世人若被明日累，春去秋来老将至。朝看水东流，暮看日西坠。百年明日能几何？请君听我明日歌。"

人生有没有明日？实在很难说！所谓"今晚脱下袜和鞋，不知明日来不来？"所以，今日才是我们的，明日是个未知数，把握今日，凡事从今天做起。

我做善事，趁今日有钱赶快捐献，万一明天物价暴涨，或者我的钱随着水火而去的时候，我明天又怎么能做善事呢？有人想报恩，就说等明日有能力再说，到最后今生都不能报答，只有寄望来生了。

“张家田，李家屋，今日王家明日赵，桑田变海海为田，从来如此多翻覆。”无常的世间，明天的事谁又能预料得到呢？

从今天做起！今天的饭要今天吃，不能留到明天再吃；承诺了别人今天要做的事，今天要做完，不可一拖再拖，拖到最后一事无成。

到医院探病，今日就要去，不要等到明日；明日又明日，到最后病人痊愈出院了，或者去世了，就没有必要探望了。

今天的事留到明天，到了明天会忘记，所以今日事，今日毕。从今天开始，必须要有毅力，要有信诺，才能坚持下去。

万里的路程，都是始于今天的一步；万卷的书籍，都要靠今天开始读下去。孝顺父母，若你今天不孝，可知父母明天在哪里？你所想做的事情，你所发的愿力，都应该从今天起。因为从今天做起，我们才没有依赖；从今天做起，才能见到效率；从今天做起，未来才能成功。

急慢之间

不急不急，安全第一；不急不急，礼让第一；不急不急，威仪第一。要慢要慢，注意礼貌；要慢要慢，慢工出细活；要慢要慢，欲速则不达。

但是“急惊风，遇到慢郎中”，慢也不全然就好，因此当急则急，当慢则慢，符合中道最好。

煮菜，有快快炒，有慢慢炖；快炒才会青脆，慢炖才能熟透。修行，有渐修渐悟，有顿修顿悟；不管渐悟、顿悟，都是经验的累积，一旦因缘成熟，自然水到渠成。世间上没有一蹴而就的事，没有“立即长大”的人，所谓“揠苗助长”，适得其反，所以要一步一步，循序渐进，才能到达目的地。

有一个笑话，老师问同学：“假设你现在只剩下一天的寿命，心里最想做什么事？”有位同学回答：“如果我只剩下一天的寿命，最想做的事就是来上老师的课。”老师听后十分感动，也很高兴自己如此受到学生的爱戴，不过他还是好奇地问了这名同学，到底是什么原因让他做如此的选择？只见这名同学一脸腼腆地说："因为上老师的课，让我有度日如年之感。"

古代的士子，十年寒窗苦读，才能一举成名。种了三年的树木，才能当柴烧；长了十年的树木，才能当板凳坐；经历百年的树木，才能当栋梁用，所以人要养深积厚，才堪大用。

现在的快速炉，快速加温，也快速冷却；温室里的花朵，快速开花，也快速凋谢。世间上的万事万物，都要禁得起时间的循序渐进，才会平顺。

学剑的人，愈急着成就，就愈不能如愿，因为他没有留一只眼睛看自己，就会给敌人有可乘之机。所以，做人有时要当机立断，不能稍作犹豫，但大多时候则要"向前三步想一想，退后三步思一思"，才能免留遗憾。

三日才能做完的事情，可能一天就完成了；一时就能完成的事，可能等了数日还未见成效。急慢之间，对于工作的效率，对于一个人的服务精神，也不能不注意喔！

泛滥

“泛滥成灾”是一句成语，意思是说江湖河海的水太多了，满溢出来，淹水了，致使泛滥成灾。

其实，泛滥成灾的又岂止是江湖河海呢？滥用感情，感情也会泛滥成灾；散财童子，金钱多了也会泛滥成灾；扩大编制，人员多了也会泛滥成灾；衣服、鞋子、日常物用太多了，都会泛滥成灾。所以，世间上无论什么东西，都要适可而止。

少，不足，固然不好；多，泛滥成灾，当然也会受害。有的人说话太多，却没有兑现，这是语言的泛滥；有的人承诺太多，而没有实现，这是承诺的泛滥。土地很多，东一块、西一块，有时候自己也管理不了；房屋很多，南一栋、北一栋，到头来不知道住在哪里才好？儿女很多，很有福气；福固然很好，气多了，也会泛滥成灾。

自古以来，多少国家的灭亡，并非国家贫穷不足，而是太多、太大、太好。妻妾如云，王子皇孙，多不胜数；宫中粉黛三千，财宝无数，养成了贪欲、妒火。水火无情，一旦泛滥开来，不成灾又能怎么样呢？

烦恼太多，会泛滥成灾；妄想思虑太多，也会泛滥成灾；车辆太多，道路不够用，交通壅塞，都会泛滥成灾；同样的产品，没有计划，一再生产，供过于求，也会泛滥成灾。

世人大都贪得无厌，但是“多”就一定是好事吗？金钱多了，金钱会埋葬你；权位太高，权位会损伤你；情欲过多，情欲会淹没你。甚至吃的东西太多了，肚子里泛滥成灾；五光十色太多了，眼睛泛滥成灾；声音太多了，耳朵泛滥成灾；杂念妄想多了，脑子里泛滥成灾。

现在的台湾舆论泛滥，上百家的电视台、几十家的报社、几千种的杂志，你说是百家争鸣吗？这也犹如百千种的河川泛滥，社会怎能不灾情惨重呢？

台湾的娱乐太过煽情，太过泛滥；台湾的媒体太过揭人隐私，不但耸动新闻、八卦报导太过泛滥，甚至骂当局、骂政治人物，到最后骂社会，好像恨不得整个社会都一起同归于尽才好。

现在的社会风气，情色太过暴露，甚至槟榔和烟酒太过泛滥，所以祸事层出不穷。工地里的弃土泛滥成灾；都市里的垃圾也是泛滥成灾。台湾社会不是“缺乏”，而是需要“俭朴”，就怕五欲六尘太过泛滥。欲海固然难填，欲海更能泛滥成灾，岂能不防患乎！

走后门

过去的人建房子，都是前埕远大，后院宽广，都主张有前门、有后门。

前门是进步，后门是退路。过去的人家，遇到土匪抢劫，总是前门紧闭，从后门逃离，所以后门往往也解救了不少的生命。直到现在，当局规定，建筑物在多大的建坪范围内，都要有安全门的设施。

自古以来，有的人欢喜从大门堂堂正正地进出，也有的人怕被人家看到，往往相约从后门出入。走后门的人，总有一些事情不欲人知，因为如此，“走后门”相沿成俗，所以社会上很多见不得人的事情，就叫做“走后门”。

在政治上，走后门成为惯例，有的用贿赂说明我希望求得什么；或者是请长官夫人代为接受，或者找他的朋友关说。甚至有的人，在牌桌上输了钱，或者赠送干股，总有很多的利益输送，都叫做走后门。

走后门就是不想走正途，希望用贿赂的方法，获得他所要求得的利益。直截了当地说，走后门都是与贪污有关。贪污是不好的行为，但是有些法治国家，没有贪污的行为，一切讲究法治，有的人甚至怀念起走后门的方便。

你有注意过秦始皇的兵马俑吗？在秦始皇的兵马俑车上，除了设有前门以外，还有后门的通路，因为他怕前门有人行刺，紧急时自己就可以从后门逃走。

有的人走后门习惯了，经常走夜路的人，夜路走多了终会遇到鬼。所以走后门被人识破，给人撞见，一旦东窗事发，一场翻天覆地的大祸可能就从后门发生了。

全世界的政治人物，因为走后门而导致身败名裂，甚至锒铛下狱毁了一生前途的例子，比比皆是。因此，后门固然可以给人方便，后门给人的伤害，也不可不慎啊！

做人，要堂堂正正地从前门进出，如果不得已要走后门，你也要想“菩萨畏因”，不要到了最后“众生畏果”时再来后悔，可就悔之莫及了。

前途在哪里？

前途在哪里？前途就在当下！有的人梦想发财，离乡背井到国外留学、创业，但不一定就有前途。有的人想在政坛上施展抱负，选官，争名夺利，到最后遭来杀身之祸，失去生命。

人为财死，发财的前途在哪里？有的人想要创造自己的前途，但阻碍了别人的通路。路是大家走的，前途是大家要的，发财是大家想的，不顾别人的前途，自己哪里有前途呢？

有的人为了创造事业，例如以航海为生的渔民、商船等，为了出外赚钱，一出海就是一两年，再回到家里，老婆已是别人的，儿子也不见了，这种例子也是不胜枚举。

前途在哪里？在牢狱里被囚禁的人，只有方寸之地可供活动；这些身系囹圄的人，都是希望有前途，但最后他的前途就是枷锁系身。

前途在哪里？小狗问老狗："前途在哪里？"老狗说："前途在尾巴上！"所以小狗不断地转圈子，咬自己的尾巴，它要找前途。后来大狗再警告它说:“你咬尾巴是咬不到的,没有前途;你要向前走,尾巴就会跟着你,前途、幸福自然就会尾随着你。”

放下才能提起,跨前一步才是前途;能够放下,才有未来的前途。韩愈的《贺王参元失火书》:家中失火了,为什么要贺喜他?意思是房子烧了,你就会出来为社会大众服务,所以恭贺你,否则你躲在房子里,没有前途。

老福特给小福特一块钱,他用一块钱买了一本书,因而创造了福特汽车的王国。所以,前途也要有实力,要向前走,你走不动,如同汽车没有油,如何向前?人没有力量,如何向前?所以,你要有前途,就要储备实力,就要准备因缘,就要做好各种关系。

有的人的前途总要靠人提拔,有些人的前途要靠自己创造。能够有人提拔,也是自己的福德因缘;没有人提拔,还是要靠自己努力,力争上游。

古人当中,常常都有推荐贤才、举荐能臣;顾念别人的前途,有时候自己也会水涨船高,跟着也会有前途。

前途,看起来是需要许多的好因好缘,但实际上还是要从自己做起。自己健全、正派、明理、智慧、忠诚、形象好、应用多,还怕没有前途吗?

再一次

音乐会、演唱会结束时，观众会叫“encore”（安可），这是因为表演得好，所以观众希望再来一次。

好的“再一次”多多益善；坏事则不要有“再一次”。但是遗憾的是，现在的社会刚好相反，“好事不出门，坏事传千里”，即使是好事，媒体总是轻描淡写地报导一次就过去了，甚至小小的一次也不肯播报；坏事则是不断地再一次重复报导。所以，本来只是小小有限的一点坏事，被媒体一再夸大渲染，也会变成无限的重大；本来是有无限功德的好事，媒体不肯报导，也无法对社会造成正面的影响。如此，你说社会怎么能不腐坏呢？

再一次，不是好，就是坏。不好的事情，再一次被提出，往往造成二度伤害；即使是好事，有时也是只要一次就够了。好话，只说一次；讲多了，便不实在。所谓“一言一用，千言无用”，有用的话，一次也就受用无穷了。

科学家在实验室里，失败了，他可以再来一次，为的是争取未来的成功；医生为病患施行手术，一次没有成功，他可以再来一次，希望还给患者健康的身体，所以再一次很好。

考试，第一次没有考好，可以再一次补考；文章没有写好，可以再一次重写；衣服没有洗干净，可以再一次重洗；忏悔发愿，也可以一而再、再而三，日日发愿，时时忏悔。运动选手，跳高、跳远，都可以一次又一次，连跳三次，这是比赛的规则，希望他再一次有好的成绩，这都是希望愈来愈好，都是希望向上、向善、向好，所以可以再一次。

废纸回收，再一次使用，称为再生纸，这是对人有益；破铜烂铁，也可以回收，再一次重炼成钢。浪子回头，父母总是一次又一次给儿女机会，这个一次又一次，都是希望儿女改过向善，都是好的再一次。

结婚，只有一次，假如再一次结婚，总是人生道路上有瑕疵，不圆满。国家与国家一时断交，一时建交；再一次的，总是有了裂痕。朋友与朋友之间误会绝交，即使重归于好，再一次的友谊也已经有了伤痕。

再一次当选、再一次得奖、再一次升官，都可以再一次，只是人生有时候只有这一次，没有再一次。人生的时光，明天不是今天；明年不是今年，虽然日子一天一天地连续，它不是再一次，今天过了不会再来，今天只有这一天。我们生而为人，所谓“得人身如爪上泥，失人身如大地土”，故佛经有“盲龟浮木”之喻。人身难得，一次就不简单了，你说再来一次，就更不容易了。

所以，人生很多时候只有这一次，没有再一次，吾人要懂得好好珍惜人身。好的，可以再一次；坏的，千万不能有再一次。

图书馆

金钱物质的多少，不是人生苦乐的根本；内心的智慧、般若，才是永恒的财富。

有人说：图书馆是知识的水库，是智慧的泉源！举世闻名的国家，不但美术馆、文物馆、博物馆到处林立，图书馆更是一个国家文化水平的指针。

世界上所有先进的国家、地区，都有国立图书馆，甚至社区有社区图书馆，学校有学校图书馆。千百年前，佛教的藏经楼就是古代的图书馆。

除了有公家的图书馆以外，也有很多的私人图书馆。有的图书馆是为了纪念先人而设立，如长庚医院有长庚纪念图书馆；有的是为了学术研究而设置，如王云五的图书馆，现在设立在佛光大学之内。台北市民王贯英，原只是一个拾荒的老人，他把一生的积蓄用来成立图书馆，现在王贯英纪念图书馆也成为台北人的精神粮仓。

布尔沃·利顿说：只要有书者，历史就不会有过去。有人比喻：知识分子是社会的头脑，那么图书馆就是社会的心脏。一所大学办得如何、一个都市力量多少，就看它的图书馆藏书多寡。北京大学所以能在世界大学之林里，争取到举足轻重的地位，不是它的校舍巍峨堂皇，而是拥有六百多万册的藏书。

天下文化公司提倡读书，高希均教授要人“读一流书、做一流人、建设一流事业”，诚哉斯言也！我们把遗产留给子孙，不如把图书留给后世。台湾的企业家，懂得赚钱；假如也能懂得赠书给图书馆，更是一项利益后世的企业。

人生，就像一座图书馆，图书馆里的图书分类，百千种以上；人生的努力，造福社会，也有百千种类。假如把自己的思想、兴趣、能力，像图书馆一样分门别类规划，自己本身就是一个事业上的图书馆，就是一个活生生的社会榜样，可以供人参考。

清朝除了政绩为后人称赞以外，最引以为傲的就是《四库全书》的编辑。读书不是为了黄金屋，不是为了颜如玉，读书是为了道德，为了做社会善美的榜样。所以，今天如果希望我们的社会能够成为书香的社会，应该鼓励大家多读书；大街小巷里的卡拉OK店不要再多了，倒是希望乡村都市多成立一些图书馆。甚至每一个人的家庭，最好能把酒柜变成为书柜，把衣橱变成为书橱，让每一个人的家庭都能成为私人的图书馆。

包包

现代人出门，总会随身携带一个大包包或小包包。包包，因材料不同，有各种不同的质地，例如：布包包、皮包包、纸包包、塑料包包。

包包，在过去数十年前，不管你带的是大包包、小包包，都是扁扁的，现在情形不同了，不管大小包包，都是鼓鼓的。

现在的包包，有男用与女用包包之分。包包除了具有装东西的实用价值之外，还有装饰之用；女性更用包包来代表她的身份，甚至从男性的包包也可以看出社会的进步、经济的成长，物用的生活愈来愈丰富。

包包与时代的环节，具有很紧密的关系。日本侵占中国的时代，民众经过车站、码头，都要检查包包，后来有人干脆发明用网线做成的包包，从外面一看就一目了然，免去许多检查的麻烦。

所谓包包，人的一生都离不开它——小孩子的书包里，除了书本以外，还有糖果、玩具、宠物；到了青壮年时期，包包里面都是放了信封袋、名片、钞票、信用卡、大哥大、电话簿等；到了老年，包包里装的都是各种药品。如果是未婚妇女，包包里面大部分是各种化妆品，它代表了女性的妆点行头；如果是已婚妇女，里面装的多为尿布、奶瓶、婴儿用具，包含的是无限的爱心。

动物里也有包包，如袋鼠、无尾熊。其实人心也如包包，有的包包里面乱七八糟，有的包包精致有内容。在自己人心的这个大包包里，如果你懂得的话，宇宙都在你的心中，所谓“心包太虚”；但是，你也可能心眼很小，什么都放不进去，一句话、一件事、一个人，都会让你感到很沉重、很负担。

包包不一定要用名牌，只要实用、符合身份，就是最好的包包。其实，我们不一定要买各种的包包，我们应该在自心的包包里，把慈悲、智慧都装进去，把善行功德、把正知正见都在自心的包包里装备齐全，如此还怕日用不全吗？

两难之间

人生常会遭遇到不知如何抉择而处于“两难之间”的时候，比如父母吵架时，儿女到底应该帮谁？当婆媳不合的时候，为人子、为人夫者又应该站在谁的立场说话？母亲与太太同时掉落水里，不知所措的先生，应该先救谁呢？

历史上，许多皇朝为了保全国家安危而实行和亲政策，身负使命的公主，也常在“忠孝不能两全”的两难之间挣扎。

例如唐朝的文成公主下嫁吐蕃松赞干布，她历经千辛万苦才将唐朝的文化传入西藏，为后人所景仰。然而当初在她只身远赴异地，不久又传来母亲病危的讯息，更加勾起她的思乡之情，此时她面对的是父母的亲情呼唤，一方面却又身负国家交托的责任，她到底是该回，还是该留？真是两难之间，难以取舍！

又如《康熙帝国》中，康熙为了缓和噶尔丹的侵略，将和硕公主下嫁蒙古。临别前，稚幼的她对着孝庄太皇太后说道：“假以时日，当父皇与夫君干戈相向时，我该帮谁呢？”面对如此两难的问题，孝庄也不知如何回答，只有淡淡地说："一切看你自己。"

在佛教的历史上，佛陀为了普应群伦、利益众生，对于王位的继承、家庭的责任与出家的修道相抵触时，同样深感处于"两难之间"。然而，当他成就佛道后，再度看到出家前的妻子耶输陀罗的时候，毅然对她说道："我虽然对不起你一个人，但我对得起所有的众生。"

历代高僧中，才华出众的三藏法师鸠摩罗什，当时为了拯救全国的民众，受到吕光将军的要挟，必须娶公主为妻；他抉择于小乘的持戒与大乘的菩萨行，同样处于两难之间。

基督教里，也有不惜牺牲性命而忠于信仰的圣者，如耶稣基督、哥白尼等。在现实生活里，也有一些年轻人面对自我的理想与期许，为了坚定的信仰而选择出家，常常因父母反对，或因家庭经济的困窘而处于"两难之间"。

现在的新加坡有几十万马来西亚人，新加坡的人问：如果有一天新加坡与马来西亚发生战争，你们是要站在新加坡这边呢？还是心向马来西亚呢？

其实，人生的"两难之间"何其之多！聪明的人儿，当你面对人生的"两难之间"，我们不必急着去解决它，可以让时间来纾解一切，能够"化危机为转机"，最好能达到"双赢"的结果。当"两难之间"变成"皆大欢喜"，这才是最圆满的结局。

竞争力

把一只青蛙放在锅子里，一面加水，再用小火慢慢地加热，青蛙虽然约略感觉到外界的温度慢慢在变化，但是由于自己的惰性，它没有采取立即的反应，努力往外跳出，最后终于被热水煮熟了而不自知。

一个团体，一个大家庭，环境的改变，大都是逐渐式的，如果管理者和参与的分子，对环境的变化没有疼痛的感觉，即使再强的团体，都会像青蛙一样，被热水煮熟了自己还不知道。

根据动物学家研究，老鹰的凶猛、强势，与它的母子喂食有关。老鹰每一次均会生下四五只小鹰，因为它们的巢穴一般都筑在很高的地方，老鹰捕食不易，每次猎捕回来的食物，不是依着平等的原则去分别喂食每一只小鹰，而是强者争抢而食，弱者最后只有活活地饿死。如此，最凶狠的存活下来，世代相传，所以老鹰一族就愈来愈强壮。

这个故事告诉我们，“平等”、“公正”不一定能成为组织中最好的发展原则；一个组织若没有适当的淘汰制度，因小仁小义而耽误了进化，在“物竞天择，优胜劣败”的自然生存定律中，将会被淘汰。

所以，现在举世社会，经济、政治都在讲究竞争力的时候，我们也要知道，竞争力不能像青蛙一样懒惰，而要像老鹰的勇猛，才能有所成就。

竞争的行为，就是进步的动力。竞争力不是打倒别人、破坏别人，竞争力是自觉、自发、自动地培养自己的实力。诸如要有学问、要有修养、要有知识、要有远见、要有宽广的心胸。尤其在全球化的时代，要有国际语言、国际观念，才有国际的竞争力。

王永庆说：现在台湾地区是低消费、低成长、低收入，因此呼吁大家要有竞争力，才能改善现状。

竞争不是斗争，但要有力量，没有力量就没有竞争力。竞争力不是为自己，是为社会、为大众、为团体。过去国际间都是以武力相互竞争，现在则以经济、文化，甚至以改良农工产品、培养科技专业知识来创造进步。现在台湾地区的企业团体，讲究多角化经营、策略联盟、集体创作；能有这些警觉，就能增加竞争力，则未来的发展也就无可限量了。

算命

元朝有一名道士，自称“神机妙算”。有一天，三个士子结伴赴京赶考，便想算算命运，卜一卜应考的吉凶，只见道士掐指一算后，伸出一根指头，士子好奇，问道：“此中何意？”道士说：“此乃天机，不可道破，届时自有分晓。”

三人走后，道士的侍者忍不住好奇，问道：“道长，刚才三位士子，究竟谁能考中呢？”道士说：“此中奥妙，不言而知。一根指头，中一个，也对；中两个，表示一个不中；中三个，就是一齐中；三个都落榜，表示一个也不中。不管任何一种结果，答案不都全部显示在这里头了吗？”

人，到底有没有命运？有！因为有善恶因果，怎么会没有命运呢？人的行为造作，就有各种的业报，怎么会没有命运呢？不过，命运不是定型的，命运是可以改变的。为了一个人，可以改变命运；为了一件事，可以改变命运；为了一句话，可以改变命运；为了一块钱，可以改变命运；为了一个念头，可以改变命运。

小沙弥只有七天的寿命，因为“沙弥救蚁”，七天的生命，可转为活到八十岁的老翁。所以命运不是定型的；修善、修福，都能因此改变命运。

甚至命运也不一定要算命先生为我们算，我们自己就可以为自己把命运算好。有诗偈云：“欲知前世因，今生受者是；欲知来世果，今生作者是。”三世的命运不都尽在其中了吗？所以改变命运，要先改变我们的行为、习惯；习惯养成一个人的性格，性格可以做出各种善恶之事，可以改变一个人的命运。

命运可以看得出来，但算不出来！一个人的命运，有时就长在脸上，表现在行为上；从一个人的出言吐语，难道还看不出命运来吗？至于一个人在二六时中，心念的转换，一念善，就可能上升天堂；一念恶，也可能下堕地狱。所以一年三百六十五日，善念、恶念不都在改变我们的命运吗？

曾经有个算命先生号称“铁口直断”，有一位顾客上门请他算命，这个算命先生倒也认真，仔细问清八字，仔细地推算。算好之后，顾客掉头就走。算命先生上前质问：“你怎么不付钱就想走呢？”那人说：“你不是‘铁口直断’吗？难道你没有算出我现在身无分文吗？”

其实，算命准与不准，不在算命先生，在于我们心中的分别啊！

克星

世间上有很多能力很强的人，但是再强的人也会有克星，老病死就是人类的克星；狮子老虎很凶猛，是百兽之王，但只要被一根牙签树所刺，它就疼痛难忍，甚至无法走路觅食而饿死，牙签树就是狮虎的克星。

“蟑螂怕拖鞋，乌龟怕铁锤。”蟑螂的生命力很强，到处乱窜，但是蟑螂被拖鞋一踩，它也无法逃命，所以拖鞋是蟑螂的克星；乌龟的壳很坚硬，然而再硬也不堪铁锤一击，所以乌龟怕铁锤，铁锤就是乌龟的克星。

“螳螂捕蝉，黄雀在后”，黄雀就是螳螂的克星；黄雀高飞，弹弓就是黄雀的克星。猫捉老鼠，猫就是老鼠的克星；警察抓小偷，警察就是小偷的克星。

狂风是花草的克星，蝗虫是稻谷的克星，白蚁是木头的克星，光明是黑暗的克星，所以世间上一物克一物。太阳的光很强，可以照破乌云；乌云也可以遮蔽太阳，彼此互为克星。

因此，世间上的人不要以为自己很强；人外有人，天外有天，再强大的东西也有人克制你。例如“烦恼”最强，人生都是在烦恼中饱受折磨，但修道人就是烦恼的克星。《法华经》云：“不怕烦恼起，只怕觉照迟”；人有八万四千烦恼，故《大藏经》也有八万四千法门对治烦恼，如“五停心观”也说：用“不净观”可以对治“贪欲”，用“慈悲观”可以对治“瞋恨”，用“因缘观”可以对治“愚痴”，用“数息观”可以对治“散乱”，用“念佛观”可以对治“妄想”。“贪瞋痴”三毒再强，也有“戒定慧”三学作为它的克星。

作恶的人，自觉自己诡计多端，天不怕、地不怕，但是当因果报应来临时，你又能奈何？所以“善恶到头终有报，只争来早与来迟”；因果就是为恶者的克星，只是报应迟早而已。

俗语说：“猪八戒怕孙悟空，孙悟空怕唐三藏，唐三藏怕如来佛。”可见强中自有强中手，每个人都想到自己背后有克星，自然就不会轻举妄动，就不敢胡作非为了。

现在科学家研究许多医药造福人群；医药是百病的克星。所以人在社会上要奉献行善，要见义勇为，作为社会之罪恶、染污的克星，让人间社会充满真善美。

开卷有益

“开卷有益”，这是古人鼓励学子读书的一句话，但是到了今日，不一定如此，可能开卷无益，甚至开卷有害。譬如黄色书刊、八卦刊物、邪知邪见的书籍，充塞了书店、书摊。所以这样的书籍，读者阅读以后，心灵能不被牵引堕落，就已经是幸事了，哪里能称得上开卷有益呢？

传说有一天，阎罗王开庭审判，他对甲鬼说：“你在世时杀人、抢劫，胡作非为，判你堕地狱百年，之后出生为人。”接着对乙鬼说：“你在世上整天只知吃喝诈骗，无益于社会人民，也是罚你到地狱受苦五十年，再投胎做人。”轮到一个新闻记者，阎罗王说：“你堕到无间地狱，不能超生。”记者听判后向阎罗王抗议说：“刚才他们两个人种种的坏事做尽，也不过罚他几年的受苦；我只是一个新闻记者，既没偷盗，也没杀人，为何会被判到无间地狱呢？”阎罗王说：“因为你写的文章，戕害人心，到现在还继续在世间上流传，让人受害；他们两个杀人做坏事，受害只有一次就完了，因此，除非等你所写的书籍所散发的毒素对人的影响消失殆尽，将来或许还能有超生的机会吧！”

现在有很多人已经不开卷了，而是上网。上网有益吗？从正面来说，现在的科技发达，给予人信息上的方便，上网有益！但是因为现在的科学发展太快速，心灵道德观念来不及建立，因此网络上一些虚幻的传播，不但是上网无益，上网也有害喔！

开卷有益，确实是不错。如果你开卷学习数学，可以懂得逻辑；如果你开卷学习文学，能够学到诗词美感；如果你开卷学习宗教的典籍，可以学到虔诚的信仰；如果你开卷学习经济的学问，就可以学习到供需的平衡；如果你开卷学习社会群众，你可以得到和谐美满；如果你开卷学习美术，你可以得到心灵的陶冶；如果你开卷学习海洋学，你会懂得包容万象；如果你开卷学习地理，可以学习到广大开阔；如果你开卷学习政治学，你可以学习到尊重与妥协。

如果有人问：这许多的学问，我都不开卷，会是什么样的结果呢？答案必然是“无知”。所以，基本上开卷是有益的，只是你不能不慎重选择。所谓“条条大路通长安”，你也要选择一条平坦的道路才能安全抵达；开卷读书，也是一样。

样板文化

有一个笑话：爸爸今天要出门，让儿子在家看店。有一个客人进门，问："老子呢？""本店没有老子，只有瓜子、枣子。"客人又问："令堂呢？""本店也没有令堂，只有红糖、黑糖。"客人一听，说："傻瓜。""本店也没有傻瓜，只有冬瓜、西瓜"。

晚上爸爸回家，问："今天有什么人来吗？"儿子说："今天有一个客人要来买'老子'，我说没有老子，只有瓜子、枣子；他又说要'令堂'，我说没有令堂，只有红糖、黑糖；他又跟我要买'傻瓜'，我说我们也没有卖傻瓜，只有冬瓜、西瓜。"

父亲听完，很生气地说："老子是我，令堂是你母亲，傻瓜就是你啦！"

隔天，那个人又到店里来，一进门就问："老子呢？"这个儿子一脸生气地回答："老子是我，令堂是你母亲，傻瓜就是你啦。"

不懂灵活运用，只会依样画葫芦，或是公式化地照着一个模式做事，称为“样板文化”。

现在的上班族，朝九晚五，主任上班签到后，看报吃茶，电话闲聊，下面的人有样学样，形成上班的样板文化。

在佛教里，有一个师父，不管人家来问什么，他都是竖起一指，表示一心法界，来者都能有所悟而回。身旁的一个小沙弥看多了，后来有人来问道，师父不在，他也学师父竖起一根指头。次数多了，师父就想破他，因此有一天信徒又来请法，小沙弥又再竖起一根指头，这时师父出其不意，拿出剪刀，一刀剪下去，把小沙弥的手指剪断，小沙弥疼痛大叫，当下漆桶脱落，豁然开朗，心开意解。

样板文化就是只学到外表的皮毛，没有学到内涵的精神。但是样板文化也并不是完全没有价值。小沙弥的一指被师父剪断，当下念头没有了，他情急生智，悟到万法归一，一归何处？他可能也有他的解释。

从样板文化，我们要学习应变、权巧、智慧。

话说有一个人去学国语，学了很久，只学会三句话：“是呀！”、“当然！”、“可以啊！”有一天，法官在审问一件杀人案子，没有人听得懂国语，就叫这个人去翻译。法官问：“这人是你杀的吗？”“是呀！”“你知道杀人是要判死刑的吗！”“当然！”“死刑是要杀头的！”“可以啊！”

不懂活用，只会呆板、死板地套用公式，出问题也是理所当然的事。

分界线

马路上有分界线，才能区隔双向车道；有了分界线，尽管车子行进快速、车辆壅塞，但彼此不会相撞。写文章的人，稿纸有了格子，写出来的文字不但整齐，而且美观；格子就是字与字的分界线。

张家的田，李家的地，都有分界线；房屋之间，界线不明，需要重新测量，以免纠纷。县市之间、省与省之间，以山为分界线，以河为分界线。国家与国家之间，也有以公海为界、以墙为界、以桥为界，朝鲜和韩国则以北纬三十八度半为界。

人格也有分界线，所谓君子、小人，圣贤、凡夫，都各有各的界线。做人处事，最要紧的是，不要超越分界线，分寸拿捏得准，不越区、不逾矩、不违规，这就是分界线的价值。

世间上，任何人与人之间、任何事与事之间、任何道理与道理之间，都有分界线。父母子女，慈孝各有分界线；政府和人民，做官的要有能，民众要有权，权能都各有分界线。

士农工商、贩夫走卒，都各有分界线，超越了分界线，就有纠纷，就要动用法律来裁决。一个进步的社会，并不一定动不动就要靠法律来界定分界线，应该用良知、道德、自我的节制，来做好人与人之间的分界线。

楚汉之争，后来以楚河汉界维持了短暂的和平；儒家的君君、臣臣、父父、子子，维持了中国数千年来长幼、上下、尊卑的人伦道德。

有情的生命，佛教将之规范为十种分界，所谓佛、菩萨、缘觉、声闻、天、人、阿修罗、地狱、饿鬼、畜生。其实，法界一心，你心中能包容别人，心中能有“忧人之忧，爱人之爱”，所谓分界线，也只是世间的一个名相而已；真正要成道、成佛，就要“无我相、无人相、无众生相、无寿者相”，能够人我一如，就没有界线了。

我们的一心具足十法界，当心向善时，就是四圣，当心起了恶念，就是三恶道，所以“一心开二门”，分界线也非永远不能更改的。柏林围墙，最后不也是拆除了吗？因此，当有界线的时候，要把分界线划清，以免越线；当没有分界线的时候，就要真正地做到水乳交融，彼此一体。

真实和谎言

有一个寓言：“真实”和“谎言”一起到河边洗澡。先上岸的“谎言”偷偷地穿上“真实”的衣服，“真实”百般请求，希望归还，“谎言”怎么样也不肯归还给他。但是，“真实”自有其理念、骨气，说什么也不肯穿上“谎言”的衣服，最后只好一丝不挂地走回家。从此人们眼中只有穿着“真实”衣服的“谎言”，受人尊重；赤裸裸的“真实”反而被人看不起，这就是世间上真假的颠倒。

历代以来，弄臣都是用“谎言”欺上瞒下，贤臣总是用“真实”的心忠君爱国。但是人性大部分喜欢听好听的话，所以即使一代明君乾隆皇帝，他自始至终还是喜欢弄臣和珅胜过于贤臣刘罗锅。

在世界上也有一则“国王的新衣”的故事，国王一时虚荣，被大臣的谎言所骗，赤身裸体地在群臣间丢人献丑，他却以为自己穿了一件举世无双的新衣裳。这固然说明国王的愚痴，也说明群臣所以上下一致，变得虚假，权力使然也。

谎言是包着糖衣的毒药，“放羊的孩子”和“烽火台”的结局，足为明证；反之，“华盛顿砍樱桃树”的故事，则是强烈地对比出做人诚实的重要。

因此，“曾参杀人”、“三人成虎”，虽然谎言只要多说几次，也会变成真理。不过，“谎言”穿了“真实”的衣服，虽然能蒙蔽世人的眼睛于一时，但是衣服终究会破旧、毁坏，总有被人看穿“真相”的一日；“真实”虽然一时不能为人所接受，但久而久之，他内在的性能还是为人所欣赏。

“真实”与“谎言”，最后必然归于“真实是真实、谎言是谎言”。谎言欺瞒人于一时，不能欺骗人于一世；真实虽然失意于一时，也不会失意于一生。正如基督教所说：“天使的归于天使，撒旦的归于撒旦。”佛教也说：“佛界的归于佛界，魔世的归于魔世。”白的终究是白的，黑的终究是黑的，世界上许多颠倒的事，也只能一时得逞，不能长久惑人。所以，做人处事，可不慎乎。

鸵鸟心态

“鸵鸟心态”是形容鸵鸟遇到危险，便会把头埋入草堆里，以为自己眼不见就是安全，称之为“鸵鸟心态”。

“鸵鸟心态”是一种逃避现实的心理，也是一种不敢面对问题的懦弱行为。有鸵鸟心态的人，不敢面对现实，不敢担当责任，平常大言不惭，遇到事情来临就畏缩不前了。

官员有了鸵鸟心态，就是无能；老师要学生发言，学生一个个噤若寒蝉，都是鸵鸟心态。社会上有一些人“遇食颈如鹤，遇事头如鳖”，这就是鸵鸟心态。很多人做事，认为“多做多错、少做少错、不做不错”，这也是鸵鸟心态。甚至说“天塌下来有高个儿顶”、“眼不见为净”，乃至“因噎废食”，都是鸵鸟心理。

有正义感的人，嫉恶如仇，勇敢地打抱不平，仗义直言，为公义宁可自我牺牲，也要为大家伸张正义，这是因为他们没有鸵鸟心态，所以应该受到赞扬。

在一个团体里，鸵鸟心态的人太多，这个团体的公权力一定不张；办公室里，太多鸵鸟心态的人，办事效率一定不好。逆境、困难，有助于激发潜能，有鸵鸟心态的人，无异扼杀自己的天分，终至自掘坟墓。

其实，现在动物学家已经在为鸵鸟翻案，他们观察研究，发现鸵鸟的两条腿很长，跑得快，遇到危险的时候，它逃跑的速度足以摆脱敌人的攻击，不致于把头埋藏在草堆里，束手就擒，因此要还原“鸵鸟心态”的真相。

我们现代的人，也要为“鸵鸟心态”翻案，我们做事，此路不通，可以另觅他途，千万不要消极地坐以待毙，也不要“因噎废食”；我们应该以我们的能力、智慧，勇往向前。人生其实就如战场，不要计较一时的成败得失，在前方的战士，打胜仗固然有成就，打败仗而能够全身而退，也是不容易的事。所谓“胜败乃兵家常事”，所以希望有“鸵鸟心态”的人，现在要跟动物学家一样，可以为自己翻案吧！

补药

现在的人都喜欢吃补药，为了求得身体的健康，种种进补的方式，如：有的人吃蛇胆，有的人吃狗肉，有的人吃猴脑，有的人吃熊掌，有的人吃鱼翅。另外如当归、冬虫夏草、燕窝、洋参等，就更不用说了。

补药进补，真的有效吗？其实，身体也不一定要靠药补，身体的健康，要靠运动、作息正常、心情愉快、工作有时，以及良好的生活习惯、少烦少恼等，这些都是最好的强身之道，也不一定非要迷信补药不可。

补药，当然我们也不否定它的功能，但是各人的身体适合不适合，这是很重要的；不当的进补，反受其害。因此，我们用补药来强身之外，最重要的，更需要"养心"，才能增加健康。

所谓养心，平时我们心里住了贪瞋愚痴、瞋恨嫉妒等盗贼魔鬼，扰乱我们的精神，致使身心不能平衡，因此并非补药就可以为我们带来健康。最好的补药，诸如自信、利人、存好心、乐观开朗，乃至石头禅师的“心药方”，都是最好的补药。

中国人对于补药有一个观念：“有病治病，没病强身。”很多母亲从小就给孩子进补；补，补，补，最后把小孩给养得过胖，还得减肥，甚至造成四肢发达，头脑简单。所以，爱心过度，就如补药吃过头，也会有反效果。

补药，就如我们的衣服坏了，钉个补丁，这也有巧妙，如果补的颜色不同、厚薄不同，就不好看。马路有洞，也要补，补的厚度也要和原来的配合；与原来的不配合，太高、太低、太多、太少，不足或过分，都有弊病。所以，补，要适当才好。

现在的人，有的人在食物进补之外，有用好的空气、宁静的环境、青山绿水、花草树木来助长身体的健康。真实说来，人的身体也确实需要靠大自然的陶冶；进补，如果只靠补药，补的还是有限。

兵源不足、资本不足，就要补充；心灵不足，当然更要补充。俗语说：“吃苦像吃补，能苦做佛祖”。能够如此进补，方为有益也！

自我激励

苏秦、孙敬读书“刺股、悬梁”，曾子一日“三省吾身”，祖逖每日“闻鸡起舞”，匡衡夜读“凿壁偷光”。在人生的过程里，每个人都要有一些“自我激励”，所以一个人要规定自己：

1. 每天说一些欢喜的话，激励自己不要悲伤。
2. 每天做一些利人的事，激励自己融入群众里。
3. 每天读一些益智的书，激励自己增长智慧。
4. 每天审视圣者的慈像，激励自己增加内心的善美。

做人要自己力争上游，如果自己都不来自我激励，只靠别人的帮助，力量实在是微乎其微。所以，一个人每天在激励自己的时刻，可以“觉今是而昨非”，可以效法圣贤而“见贤思齐”，可以立志“奋发向上”，可以发愿“不达目的誓不休”，可以读名人传记，“与古人为友”，可以日行一善，“与功德为邻”，可以广交善知识，以能受其影响，以此来激励自己的进步。

人生的成长，有时候需要父母的教导、老师的训诫、社会大众的帮助、长官的提携、朋友的勉励；但是最重要的，还是要靠自己。如果自己都不激励自己，光是依靠别人，就如自己的身体，血管里的血液是自己的，是自发的营养，对增进健康有最大的功效与帮助；如果靠打针、注射营养剂，总是外来的，利益有限。

如何自我激励？有的人在自己的办公桌上，随时写上一些自我激励的座右铭；佛门弟子晚课时，都要唱诵“普贤警众偈”，那就是一个最大的自我警惕与激励。

人生的旅途就像马拉松赛跑，一路上虽然有人为我们喝彩、鼓掌、加油，但这些都只是一个助缘，真正的力量，还是要靠自我散发勇敢，提升力量向前。就如平常所说：“各人吃饭各人饱，各人生死各人了”；人，学会了自我激励、自我转化，这非常的重要。

老干新枝

多年前国民党内部发生党争，新旧两派相容不下，宋美龄在纽约调解党争时，发出“老干新枝”的重要讲话。意思是说，老的树干存在很重要，能够发出新枝更为重要！“老干新枝”相互配合，才有生命的传承。

“老干新枝”的思想，其实可以应用在各种事务上。树木的生命力尽管比人更长、更久，但是岁月无情，仍然会老迈。假如衰老的树干不能发出新枝，这棵树木的寿命就将寿终正寝了；如果能够抽枝发芽，表示它的生命一再延续，还有无限的未来。

人类也是一样，长江后浪推前浪，世上新人换旧人，所以年老的人要传承交棒给年轻人，这是生命延续的重要关键。即使是野兽，狮狼虎豹，对于子孙后代，它也是照顾得无微不至，生命的延续就这样靠着代代相传而绵延不绝。

中华民族五千年的历史，也是靠老祖先一代一代的传承，才有现在遍布全球的中华儿女。过去世界上所谓文明古国，像巴比伦，因为老干没有了，新枝自然无从发出，最后自然凋零沉寂了。中国因为有古老的传统，加上现在的科学新知，一直充实着文化的内涵，因此老干固然存在，新枝也不断地发展。

老干要靠新枝的延续，新枝要靠老干的传承；能够禁得起岁月的煎熬，二千年、三千年，才有所谓的古老神木。中国的百年老店，如同仁堂，乃至千年的古寺如天童寺、阿育王寺，由于代代相传，老干新枝到现在仍然散发出生命的光辉。

现在台湾地区的工商界，大部分的创办人都已经年老力衰，成为老干了，所幸他们的子女都能接受现代教育，能够接棒成为新枝。不过我们也希望这些老干能够继续栽培新枝，新枝也应继续尊重老干，所谓新旧能够互补，则台湾地区工商企业的未来，当更有所作为！

一座山林，要有老干新枝，这座山林才能永远蓊郁长青；一个家庭，也要有老干新枝，这个家庭才能继续发展兴旺。社会需要有多少的老干，也需要有多少的新枝。老干太多了，新枝太少，老干的生命力不强；新枝太多了，老干的存在不受重视，这也是危机。所以，老干新枝，相辅相成，这才是社会之福。

选票

一个人出生不久，他最大的本钱，就是拥有自我的一张选票。父母常常在孩子面前说，你喜欢爸爸，还是喜欢妈妈？及至进了学校，我喜欢哪一个老师，我选哪一个同学当班长，都可以投上一票，甚至就读哪一所学校，也可以有自己选择的一票。

到了成年，有了选举权以后，里长选举，要投一票；乡长选举，要投一票；县市长、县市议员选举，都要投上一票，甚至重大的政策也要公投。

每个人都拥有一张选票，人人都有自主的尊严。但现在的社会，不懂得爱惜这神圣的一票，各种选举，有时三百元就能买你一票，有时五百元、一千元，或者一包味素、一瓶米酒，便能换取您的一张选票。因此神圣的一票，价值就只有三百元、五百元和一包味素、一瓶米酒而已了。现在有些落后地区，候选人甚至在选举前给选民一只鞋，当选后再给他们另外一只鞋，摆明了就是要你一定非选我不可。

现在的民主，最为人所诟病的，就是想要得到选票的人，没有依照规矩、程序来获得这一票；而拥有一张选票的人，也没有很谨慎地运用，以发挥选贤与能之功，所以到了最后，不是选金钱，就是选人情，所谓政策、理念，就只有摆到一边去了。

民主时代都讲究选票，家庭里做父母的需要儿女的选票，学校里为人师长者也要靠学生选课才能开课。现在当局更是两年一小选、三年一大选，但由于选民素养不够，各种选举都是选钱不选贤，选情不选能，把古时选贤与能的德风完全扭曲无遗！当然，我们会说这是民主进化的必经过程，但什么时候才会过去呢？

每次一到选举时期，各方总会有一些幽灵人口出现，或者一些候选人常常乱开空头支票，甚至以不正当的手段与黑道挂钩、与金钱挂钩，以输送利益作交换，所以民主的选举就为人所诟病了。

民主时代，若没有经过选举制度，很容易产生集权专制；但选票里面的弊病也很多，透过人民选票产生的公职人员，一样是良莠不齐，当我们在批评当局时，我们应该扪心自问，是谁给他们的选票？

选民是头家，因为有选票，是故升斗小民也能有机会做老板。我们希望今后所有的头家，都能善用自己手中神圣的一票，好好地来净化我们的选举文化吧！

佛指的生命

二千五百四十多年前的佛陀，火化后的一节指骨，直到现在，他的生命仍然活着。他给人感动，他能和你的心相呼应，他慈悲的生命，智慧的生命，就是感动的生命，一直在世间上流传着。

金银财宝，再大再多，你看了以后，顶多只是惊奇地发出“喔”一声；但是当你看到佛指舍利，可能就会自动跪下来顶礼，可能就会涕泪悲泣，或是法喜充满。这就代表你不但看到了佛指的生命，也看到自己的本心；你的心已经和佛指二而为一，所以你的生命就是佛指，佛指就是你自己。这时我们就会知道，佛陀的大威力一直都留存在我们的心中。

佛指舍利是一块骨头，但是我们到墓园、纳骨塔，骨头多的是，若是不相干的人，见到再多的骨骸，他也毫不介意。我们见到佛指，不管你有没有见过佛陀，但是见到了佛指，就会体会到似乎与二千五百多年前的佛陀又相聚首，会让你感觉到与佛同在。这种感觉就是说明，佛指舍利是活的，他是有生命的。

世间上，大自然的山河大地，它也在表示着它的生命；气候的春夏秋冬，它也在万物中显示它的生命。现在的人生，新陈代谢，各种因缘际遇，必然都有宇宙的生命。真理充满宇宙，佛陀的法身遍满虚空，我们不但是在见到佛指舍利时感到有生命，即使藏经楼上的如来遗教，又何尝不是佛陀的法身慧命呢？

苏东坡说："溪声尽是广长舌，山色无非清净身。"如来的法身慧命，不但透过佛指在指点你的仁慈慧巧；佛指舍利让我们见证真理，见到自心本性，若非佛指的生命力，我又何能至此呢？

所以，佛指舍利就是一种修行的功德，这是慈悲智慧熏习的结晶。钻石能让富人欢喜，不见得能令穷人快乐；佛指舍利贫富都能得益，所以属于全人类。

佛指舍利到台湾地区后，我们看到台湾的佛教徒增加了，佛教青年懂得合掌了，路上的行人脸上好像也多了一份温文儒雅，连儿童都向爷爷、婆婆讲说佛陀的故事，好一片大地回春的景象，好一片佛陀生命普现人间的光明，我们赞美佛指，更要赞美佛指的生命。

对亲友、家人，要关心和照顾；
对自己、生活，要满足与自律；
对社会、国家，要结缘及贡献；
对工作、事业，要主动和勤劳；
对怨敌、仇家，要原谅并包容。

不当看的不看，
否则会看出烦恼来；
不当听的不听，
否则会听出痛苦来；
不当问的不问，
否则会问出是非来；
不当做的不做，
否则会做出问题来。

时事新闻

现在是个讲究信息的时代，一件事情的发生，与民众有关的都是新闻。包括政治新闻、社会新闻、地方新闻、花边新闻、八卦新闻、体育新闻、财经新闻、宗教新闻等。这些新闻尽管再多，大家最重视的还是“时事新闻”。

所谓时事新闻，就是有时效性、有生活性、有世界性的新闻，例如，世界上那里发生战争了，有关的军情战事，要报导得愈快愈好，因为全世界的民众都在等着了解战情发展。

再如联合国裁决有关世界人权、种族、和平等关乎世界人民幸福安乐的事情，新闻记者都会抢先报导，因为不能漏掉民众想要知道的时事新闻。

有一段时期，中东战事不断，影响石油的生产，间接波及世界的物价上涨，所以有关的民生物品调降，成为家庭主妇最关心的时事新闻。

但是现在的时事新闻，有一些记者只知道报导社会负面的、内幕的、隐私的消息，引起读者好奇的心理，失去了时事新闻的价值。有些民众非常忧心，那些八卦新闻，如狗仔队专门揭发名人隐私，如凶杀案件、男女情色新闻、行政机构吵架打架等闹剧，虽然大家一直在怪这些报导让社会沉沦，让民众每日看了这些新闻后，感到生活不安，但实际上，大家每天打开电视机、摊开报纸，第一个最想要看的还是这些新闻。

新闻自由，这是一个好听的名词，一个自由民主的社会，确实有新闻言论的自由；但是报导不实、造成对人的二度伤害、对社会产生许多负面的影响，其实也不能解释为新闻自由。

所以，我们希望电视媒体、新闻报纸所报导的新闻，要顾念到我们的社会、顾念到我们的下一代，顾念到大家都需要安心地活下去，所以不要再用耸动的新闻来蛊惑人心。我们希望时事新闻也不一定都是政治的、经济的，像一些艺文的、教育的、生活的、休闲的，甚至大自然的好山好水、花草树木等，都可以增加我们的知识、见闻，其实那些都是最好的时事新闻喔！

火柴棒

一根火柴棒的价值不到一毛钱，一栋房子可值数百万或数千万元；但是一根火柴棒却可以毁坏一栋价值百千万元的房子。堆积一百万张骨牌，需要一个月的时间；推倒一百万张的骨牌，却只需不到十分钟的时间。

不要以为一根火柴棒，只有小小的力量；也不要以为推倒数百万张的骨牌，只需短短十分钟的时间。但是，世间上往往小小的东西、短短的时间，就能把世界，甚至把人生毁灭，这也并非不可能的事。

一个人做一百件好事，只要有一件坏事，人格破产，就再也不容易受人尊敬了；再大的善举，一句错误的话，也可能因此毁灭了一生的功德成就。

“百密一疏，百善一坏。”一缸的水，只要一条细缝，就可以尽数流失；口袋里装满了东西，也经不起一个漏洞，可能全部漏光。一个人往往见到高楼，见不到小屋；见到长桥，见不到土坝。人生，必须观察入微，注意细节，才不会被细流崩断了大坝。

最近北京发生严重的沙尘暴，几百万的人民受其威胁，不能安居；原因是当初大家不重视一棵树、一株草，任意砍伐，慢慢形成蒙古国的沙尘暴，影响所及，不但是整个中国，甚至韩国、日本也都在沙尘暴的影响范围内。

一个针孔、一粒老鼠屎、一些细菌，你不注意，可能就会致人于死，乃至坏了整个所有与成就。一句话、一个念头、一件事情，都不可以小看，你小看了他，即使再怎么伟大，最后星星之火可以燎原，涓涓之流也可以崩山倒坝。

所以，我们不要漫不经心地随便说一句话，或是率性地任意做一件事，更不可以随便轻易地伤害一个人；一句话、一件事、一个人，可能就是我们的致命伤。

德国总理科尔为了贪污一点点的钱，数十年的政绩毁于一旦；日本首相田中角荣，也是为了受贿一些芝麻小利而黯然下台。佛教有四小不可轻：小孩子长大可以成为国家栋梁；小女孩未来可以成为皇后；小火星可以燎原；小沙弥可以成为大法王。所以吾人在世，千万“勿以善小而不为，勿以恶小而可做。”小，不可忽视也！

人祸

“天、地、人”三者当中，哪一个对世界造成的伤害最大？回顾历史，仔细研究，天灾地变的发生，其实并非没有轨迹可循；唯有人祸，就像一颗不定时的炸弹，所潜藏的危机，实在是一股不可小视的力量。

历代以来，每逢乱世，一遇军队过境，到处搜刮扰民，甚至两军开战时，连生命都朝不保夕，所以有人说：“宁为太平狗，不为乱世人。”可见战乱、炮火，是人类自造的一大灾祸。战争即使胜利了，但却失去了生命，又有什么意义呢？

战争虽可怕，但即使太平盛世，又何尝没有祸事？例如贪官污吏，横征暴敛，压榨民脂民膏，造成民不聊生；地痞流氓，强取豪夺，善良百姓甚至人在家中坐，盗贼匪徒，刀枪棍棒，随时都可能加身，真不知道救命的恩人在哪里呢？只有任人欺负，连投诉也无门。

现代的社会，你看！有钱了，就要遭受绑票勒索；有道德了，就要遭受恐怖分子的威胁；过分美丽，就要遭受嫉妒，甚至被人泼硫酸；有名誉了，就要被打击毁谤。这许多的人祸，几乎无处无之，无日无之。

甚至，你建房子，有人替你偷工减料；你开车上路，你不去撞人，别人也可能来撞你。另外，许多的谣言是非，充斥社会，对一些善良人类造成无比的杀伤力。可以说，我们的身边到处都有枪炮子弹一样，真是危机处处；乃至财杀、情杀、仇杀、误杀，时时可闻。想想这个社会，真是令人感到无比的可怕。

自古以来都传说鬼怪很可怕，其实我们身边的人鬼才可怕。像烟鬼、酒鬼、色鬼、赌鬼、钱鬼，稍有不慎，祸事就可能会降临到你的身上，造成无妄之灾，你说人祸不可怕吗？

人祸，就是人所造作的罪业，有的人自作自受，有的人还会殃及无辜，祸及家门。人，除了不可抗拒的天灾地变之外，其实很多问题都是人所制造出来的，甚至连天灾地变也是因为人类不懂得珍惜大自然所酿成的结果。所以，要解决人间的问题，唯有人类自我觉醒，才能挽救人类的浩劫。

《易经》里称天、地、人为三才，彼此是一体的。现在举世倡导和平，我们要让世界和平，先要从天地人三者和谐共处做起。让我们一起来做这样的祈愿吧！

高处不胜寒

喜欢运动的人，经常爱爬山，爬到海拔几千公尺的高山，如果装备不够，必然造成许多山难，因为“高处不胜寒”。

讲演的人，要有讲台；升旗，也要有升旗台。任何一种的表演，都必须要有舞台，如韩信筑坛拜将，才能显出他的威风。所以，一个人不怕要高，但是得要有基础，没有基础的高，所谓“爬得高，跌得重”；就算是“高官显爵”，一旦失势，往往境况堪怜，结果惨不忍睹，因为“高处不胜寒”。

自古皇帝位高权重，至高无上的权威无人能比，所以自称“寡人”；圣人因为修养道德超越一般大众，所以他也会有圣人的孤独。

高处是众人瞩目的焦点，在高处如果没有高超的道德，没有高超的智慧，没有高超的人望，就是别人也会把你拉下台来，因为在高处不容易立足。

在高处要能看得清楚基层的群众，有低处的基础，重视低层的基础，在高处才会感到安全。

有的人在思想上、在感情里、在群众中，感到一种孤独、孤高；因为离开了基础、离开了群众，而有“高处不胜寒”的寂寞。

金字塔虽高，也要下面的基础厚实，才能高高耸立；假如没有基础，高处就会充满危险。所以，希望要做高官、享厚禄的人，要准备好你的装备，以免到了高处不胜严寒，那就迟了。

“人，不患无位，患所以立。”要想登高，必须要有阶梯。人，除了具备各种条件、能力以外，尤其重要的是，在人格涵养上，要能够“高高山顶立”，也要能“深深海底行”；能高能低，能大能小，自己能量足，哪会不能登高望远，一览天下尽无余呢？

高山上的植物，都是能耐严寒；高山上的动物，也不是跟你比大，而是比它耐寒的精神力量。人往高处爬，水往低处流；如果你想要“欲穷千里目，更上一层楼。”你就必须要能禁得起高处的严寒，必须要有勇气忍受高处的寂寞喔！

掌舵

一叶小舟，在大海中航行，要靠一个掌舵的人稳住方向，才能平安返航；一架飞机，飞翔在高空，也要靠驾驶员掌握方向盘，才能安全降落；探险家、旅行家，也是要靠罗盘、指南针，掌握正确的方向，才能安全抵达目的地。

人间，也好像大海，四顾茫茫，你要靠着自己掌舵的能力，才不会迷失方向。有的人，靠着知识来掌握人生的舵；有的人，靠着经验才能掌握自己的前途之舵；有的人，靠好因好缘帮助自己走向人生的正确目标；有的人，靠着信心、毅力，他也能如愿地走出自己理想的未来。

年幼的儿童，他喜爱学文学武、习工习商，他要靠自己来决定他掌舵的航行方向。有的人在人海里、官场上、工商界，他要求取得什么样的成果，只要掌握自己的前途之舵，终会达到目标。

有的人，年轻时就想到如何在知识的大海里航行，但是他一生读书无成，这是自己没有衡量自己的能力；有的人希望在男婚女嫁的花园里，求得一个美丽的对象，但高不成低不就，到最后也是找不到感情的出路，迷失了方向。

有的人在情爱的狂风中，迷失了掌舵者，在感情的路上失去了方向；有的人立志造福社会，却在功名、得失里，也是开错了航道。有的人身为一家之主，带着一家老小航向前途；有的人带着一个社区、种族、国家，走向前程。不管家庭、国家，都要靠掌舵者的聪明睿智，为全民做精神上的定位，才不致迷失方向。

有的人自己不会掌舵，但是他能跟随贤人，服膺他的领导，终于也能成就一生的事业；有的人自己没有能力找寻一个具有掌舵能力的人，给予信任，他也能走出自己的道路。但有一些人，自己没有能力掌舵，也不相信别人能掌舵，多疑、犹豫，就算有方向，也没有力量航向前去，最后失败，怨叹自己运气不好。

所以，一个人的一生，如果要想掌舵，对时空的认知、对好缘的具备、对航程所需的各种应变能力，能够得到多方助缘助力，你航向前途，又何畏哉！

左邻右舍

在古代都非常重视左邻右舍，经常王姓人氏聚在一起，叫王家庄，张姓的人家住在一起，叫张家村。每一个村庄，都有他们共同的祠堂，一旦村庄发生了纠纷，既不需要派出所，也不需要上法院，只要到祠堂里，由村长和长老斡旋、仲裁，就能解决问题了。再不能解决，到土地庙前，一人一把香，赌咒发誓，纠纷也就烟消云散了。

俗语说："远亲不如近邻"，对于左邻右舍，彼此守望相助；即使不同姓氏的人，跑到我们的村庄来，也会表示欢迎。

中国的百家姓里，有许多姓氏原本都是一家亲，如"刘、关、张"，如五王爷：江、文、李、纪、月，五个姓就是一家，如"张、简、廖"过去也都是同一个远祖。

自从时代慢慢发展，社会日愈进步，房屋建筑也慢慢从过去的四合院，转变成今日独栋式的别墅，左邻右舍不再像过去一样的关系亲密。甚至现在不是邻居，而是社区；从社区又发展出大楼的公寓式居住环境。在大楼里，重重叠叠，捱家捱户的大门深锁；左右邻居都是各人自扫门前雪，关系慢慢冷漠了。

现在的大楼和公寓里的住户，彼此不相往来，也互不相识，邻居的感情愈来愈疏远了，就是提倡守望相助、敦亲睦邻，也是虚应故事罢了。尤有甚者，现在的社会，慢慢从邻居的感情疏远，而到现在的族群对立，所以社会的纷争就更加没有了时。

游鱼共聚在一个池塘里，飞鸟同在林中鸣叫，走兽也各据山林，最后的目标，都是求得相互的和平共处。人类为什么反不能像虫鱼鸟兽一般共同生存呢？

“单丝不成线，独木不成林。”没有左邻右舍，势孤力单，小偷来了，都没有办法应付。一个人到了孤掌难鸣的时候，就想到朋友的重要；一个家庭，到了受到外侮的时候，就想到左邻右舍的亲密关系了。

但是，过去的左邻右舍，也有一些人欢喜串门子，东家长，西家短，长舌妇人，是是非非没有了时。现在的教育发达，人与人之间的礼仪、语言，都相互尊重，不揭发别人的隐私，不搬弄人我是非，这是教育成功的结果。

一个社会的健全，必须要靠基层的民众有情义，有知识，有道德，有联谊，有互助，才能厚植邦本。所以，我们要想让古代左邻右舍的情谊重现于今日，我们也要有一些政策和办法，才是人民之福，社会之幸。

天灾

天灾，就是来自天地之间，非人力所能抗拒的灾害，称为“天灾”。一般工程在订立合约时，总会加上一条但书：“如系天灾等不可抗拒的外力所造成的损失，不在保证之内，不予赔偿。”

天灾虽然可怕，但也不是不可预防。例如，强风暴雨来袭之前，提前把应该完成的工程做好，不要等到遭受灾害了，才说天灾不可抗拒；平时做好疏浚防洪的工程，即使洪水暴涨，也能快速疏通，减少天灾所造成的损失。

台湾地区地处断层带，地震频仍，但即使是地震，现在也有地震仪，可以事先测量出时间、地区，如果事先做好预防措施，至少可以减少人民生命财产的损失。例如宜兰、花莲，经常台风、地震不断，是天灾最多的地方，但只要预防工作做得好，不是每次都能减少到最低的损失吗？

过去一些人危言耸听，声言世界末日即将来临，但直到现在，地球还是完好无恙；日本曾经扬言要消灭中国，但中国如今依然屹立不摇，并且跻身世界强国之林。所以世间上再大的灾难，都没有想象中的可怕，也并非没有办法解决。

除了上述的天灾以外，还有大地方面，如山洪海啸、地震山崩，这许多自然灾害发生时，甚至还会雷电交加、风大雨急、冰雹如球、热浪蒸腾，这些都让人觉得好像自然界已经快要造成世界末日来临一样。

过去经常听到印度一年要热死千数百人，乃至寒流来袭时，举世到处都有“路有冻死骨”的消息。现在的媒体发达，不断报导有关殒石、彗星，以及臭氧层破洞、沙尘暴肆虐等的消息，真是让人谈灾色变，不知道世界哪里才是安全的地方。

乘坐飞机，会遇到乱流，乘坐汽车，也会遇到车祸。尤其过去一直传说百慕达三角洲地带，每当船只、飞机经过，就会自然消失，至今都不能有一个明白的交代。

古代帝王领导民众都要修德施仁，以祈求上苍垂怜，减少灾害。中国人总说靠天吃饭，所以我们不能增加天灾的肆虐，否则就与人类的希望适得其反了。

球赛

现在的体育竞赛中，最热门的就是球赛，有篮球、棒球、足球、排球、乒乓球、橄榄球、网球等。

球赛虽然旨在锻炼体魄、观摩球技而举行各种国际比赛，但现在的一场球赛，往往影响到国际之间，国与国的往来关系，有名的“乒乓外交”，就是靠一粒小小的乒乓球，促进了中美的建交。

但是，也有的国家因为球赛引起了战争，甚至球场上的输赢，所引起的暴动，死伤数十人，这是常有的事。俄罗斯在二〇〇二年的世界杯足球赛中输球后，人民在莫斯科引发暴动，死伤二十余人；上届的足球赛冠军队法国，今年在初赛时即遭到淘汰，回国时竟然需要政府派武装部队保护球员回家，唯恐他们受到民众的攻击。

球赛赢得胜利，固然是荣誉，但是一个民族把胜负得失计较到如此程度，实在也不足取。奥林匹克运动会有一句名言：

“志在参加，不计胜负”，诚哉斯言也。

一场球赛的进行，看运动员们身手矫健，动作纯熟，这是要靠多时的苦练，有时上场才三分钟，可是他们在场外已经苦练了三五年。他们赢球的风光，人人羡慕；但是他们练球的辛苦，鲜为人知。

国际的风云变幻，政治家们翻云覆雨，其实体坛上也是风云迭起，常常胜负易位。有的国家赢得起，也输得起；有的国家赢得起，但输不起；也有的国家尽管每年都是捧鸭蛋回国，但他们还是年年参加。

在球场上，要赢得胜利，不但要靠球技，有时还要靠球运。国际比赛时，有时会遇到实力坚强的对手，有时也会幸运地遇到比较弱的队伍。不过世界上哪里有那么多的好事，哪能一直和弱的队伍比赛，而不会遇到强敌呢？

每一场球赛，看到球场上那些体坛健儿，例如足球场上，有的人临门一脚，踢出了国家的荣誉；有的棒球比赛，一支再见全垒打，使得全国欢呼雀跃。这许多球员一夕成名，成为体坛明星，甚至成为国宝级人物，国家把他们穿过的球鞋、球衣、球棒，都陈列在国家博物馆，以示荣誉。

观看一场球赛，不但是看球员个人的球德、球品、球技的展现，而且还需要教练、管理员，甚至裁判、拉拉队、观众的水准，都与胜负有关。甚至世界性的球赛，往往还有赌博行为，有的球员遭到威胁放水，可说无奇不有，甚至有的球员嗑药求

能不计一时成败，
才能成就千秋之伟业；
能不计个人得失，
才能图谋万民之福祉。

月亮不一定要圆满，
残缺也是一种美；
人生不一定要拥有，
享有也是一份福。

胜，那就更加不足取了。

一个球队的胜利，要靠团队精神；大家通力合作，才有出线的机会。甚至赢球固然重要，但真正说来，能够在球场上表现出大国的风度，表现出大将的风范，表现出大赛的精神，其实要比赢球来得更为重要。

公鸡与鸭子

有人比喻中国人的性格如公鸡，日本人的性格如鸭子。一群公鸡在一起，只要其中一只伸长脖子大叫“咕咕咕”，其它公鸡即刻上前把它啄下去，不让它昂首神气。所以中国人不容易在群众中出人头地，此中有见不得人好的意味在。

日本人的性格，被喻为鸭子，因为一群鸭子，只要有一只在前面带头“呱呱呱”一叫，后面的鸭子就会自动跟随上来，这表示日本人有服从领袖领导的性格，有团队的精神。

由此而推，美国人有老鹰的性格，常自诩为世界的老大哥，到处借名捍卫自由而发动战争；印度人有狗的性格，秉性坚贞忠诚；犹太人有猴子的性格，聪明机智；蒙古人有骆驼的性格，忍辱负重；德国人有马的性格，飞扬奔驰；法国人有梅花鹿的性格，喜欢浪漫派头；英国人有大象的性格，一副绅士的样子；俄罗斯人有北极熊的性格，稳重而灵活。其他国家，也都各有他们的性格，有的像天鹅、孔雀，有的像狮、狼、虎、豹，都各有其性。

说起世界的民族，都和动物有类似的性格；性格不同，发展出来的民族性，给人的观感自然不同。当然，每一个民族都有优点，也都有缺点，不可一概而论。

不过，自恃为优秀民族的国家，要改善自己民族的性格，让自私的、凶残的、狡猾的，一改而为仁慈的、敦厚的、包容的、尊重的性格。人的个性要改，民族的个性也要改，这个世界才会更进步，才会更和平。

人，称为万物之灵，所以能统治世界，是因为人类有文化、有思想，不像野兽，除了饱食以外，别无他求。人类对世界的贡献，确实做了许多努力，像世界的和平组织、红十字会、人权协会，人道主张等，对人类都有极大的贡献。

尤其，现在举世更能重视生态环保，对稀有动物的保护，对好山好水的维持，甚至对世界文化遗产的重视，可见人类并不像猫狗、鸡鸭、骆驼、牛马、狮虎等，人还是像人。像人的人们，今后怎么走呢？这不但考验着人类的智慧，更可看出人类的性格，是趋向和平呢？还是好战成性呢？

输得起

从古到今，人们常说“胜败乃兵家常事”，所以“输得起”也成为现代人的一种美德。如运动场上必定有输赢，所谓“胜不骄，败不馁”，有时我们并没有为赢家歌颂，反而为败军之将的精神欢呼。赌博的人，从牌桌上也可以看出一个人的人品，当他输钱时，人性的本来面目，就可以看出他的人格来。

人的一生，有赢有输，赢的人未必天天都是第一，输的人也不一定永不翻身。所以过去有的人就算是考取了状元，赢取了功名，可能输了人格；有的人多少次考不取，由于输得起，再接再厉，终能有成。武汉大学的教授麻天祥，贫困出身，苦学成功，他也是考了三次，直到四十多岁才成为高龄博士。

苏东坡的一生，宦海浮沉，有一次被贬到海南岛，他不以为是被降级而意志消沉，反而日子一样过得潇洒自在，他是输得起的人；孙中山先生十次革命，也是输得起。周瑜因为输不起，被诸葛亮“三气周瑜”，终于吐血一病不起。

现在有很多赌六合彩的人都输不起，当他输了钱以后，就把神像断首分尸丢弃，完全没有一点宗教的情操，这就是输不起。一时的胜败，可以“输得起”，一生的做人，可不能输了自己的道德、人品，那就是最大的失败。

人生就是一场战争，金钱、爱情、家庭、社会，到处都是一场赌局，胜败先要自己心里有预备，如果输不起的人，你就不能想赢；您想赢，就必定有输，输赢是难兄难弟，有时会输，有时会赢。就如有人想做发财梦，要做财务上的赢家，但是据说财神的妹妹就是灾难，他和姐姐是形影不离的，你想发财，就要有接受灾难的准备，因为姐妹和输赢一样，都是相随在一起的。

所以，人生要能不计输赢，凡事要以平常心处之；你能够给自己一个输赢以外的空间，这才是最为重要。

危机意识

人在世间生活，尽管前途一帆风顺，春风得意，到处逢缘，样样亨通；但是不管你再怎么称心如意，都不能没有“危机意识”。

台风来了，你需要有准备洋钉木板的危机意识；夜黑了，你也要有关好门窗的危机意识。你身体健康时，不能不买保险，要有危机意识；你出外行船走马，要与家人保持联系，不能没有危机意识。

过去兴建核能发电厂，也是为了工业发展、民生所需做储备，这就是危机意识；最近台北发生严重干旱，翡翠水库的水不作他途，以民生饮用为先，称为“救命之水”，这也是危机意识。甚至就算是干旱时期，也要筑堤做坝，要有防备雨水来袭的危机意识。

有一位富者鼓励人办大学，他愿捐出五千万元作为建校基金，但因为当时尚未开放大学私办，对方不接受此五千万元捐款。富者说："现在你不接受，等到将来我没有钱，就没有办法捐献了。"这就是危机意识。

健康时，及时把该做的事情做好，这就是危机意识；登山前，把该有的配备准备齐全，这也是危机意识。晴天准备雨伞，白天准备手电筒，这都是危机意识。

一个领导人出访，副领导人必须留守补位，这就是危机意识；一个家庭，一家数口不可倾巢而出，这也是危机意识。在古代，国家要有备位储君，这是危机意识；汽车行驶路上，也要有备胎，以便不时之需，这也是危机意识。

所谓"有备无患"，国家的经济要有一定的"外汇存底"，这是危机意识；平时要有足够的储粮，以防饥馑，青黄不接。甚至为了防范人才断层，平时就要储备人才，这都是危机意识。

其实，不管是人或各种动物，生存在天地之间，随时都有不可预知的危机出现；天灾人祸，生老病死，时时都在威胁着我们，所以要生存，就必需要有危机意识，尤其要有处理危机的能力，才能安然地生存在宇宙之间。

行行出状元

人，不一定做大官，应该要做大事，因为在做事里面，也是可以“行行出状元”。

“行行出状元”，总需要时间；时下的青年，做一行怨一行，不断换工作的结果，就像滚动的石头不生苔，最后一事无成。

有的人一生没换过多少职业，墨守成规，一行做到底，这种人耐烦，不见异思迁，必然是个好人。也有的人虽然一再换职业，但因为他志高胆大，见得远，什么都好奇，什么都想学习，什么都想尝试，也能走出自己的前途。但也有的人一再换职业，换到最后无路可走。

中国香港的首富李嘉诚、大陆的企业家刘永好、台湾京华城的沈庆京、广达计算机的林百里，都是从小做起，一步一脚印地慢慢起家，终于成为现代富翁。

中国台湾到大陆投资的康师傅，本来只是个卖面的，但现在成为大陆的饮食大王。统一的高清愿，也是做小生意的，现在不是成为一千家以上7－11连锁商店的大老板吗？

张惠妹原本只是小歌手，现在是红遍大江南北；皇帝小生张国立，本来是一个铁路局的小工，几十年后，不是成为今日演艺界的大腕吗？画家李自健也是从为人画肖像起家，今日他的画展遍布全世界，成为杰出的画家。

事无贵贱，只要专心一致，锲而不舍地为自己所做的事情，创造出空间，能为民众所接受，你就会成为那一行的状元。鲁班本来只是个木工，他不是成为今日工人的祖师爷吗？

一些原本默默无闻的小人物，如黑人歌星惠妮休斯敦，今日成为闻名国际的歌后；老虎伍兹在高尔夫球场上球竿一挥，成为今日世界月入最丰的世界名人之一。阿里只是个拳击手，后来成为拳王，并且应邀到哈佛大学开课讲学；罗琳只是一个家庭主妇，写出《哈利波特》，成为世界知名的畅销书作家。

许多元帅、将领都是从小兵做起的。甚至蒋介石只是上海青帮的一员，后来不都成为叱咤中国政坛的人物吗？

一时消沉迷失的人们，请不要慨叹自己生不逢时，只要努力，“行行出状元”，光明的前途在向我们招手！

角色混淆

现在的社会问题很多，在诸多的问题当中，“角色混淆”致使社会脱序，呈现一片不安宁的感觉。

李登辉先生做台北市长的时候，虽然以身作则，亲自到街上去指挥交通，但这是领导角色的混淆。一个警察管理一条街的交通，一个市长应该好好管理二百万市民的市政，市长怎么可以到街上去指挥交通呢？如此哪里还有市长的尊严呢？

一个家庭里，男人有男人的角色功能，女人有女人的角色发挥，现在所谓的两性平等，各自扮演好自己的角色，就是两性平等。但是现在的社会，女人出外打拼，却把女强人的姿态带回家，忽略了妻子的角色，这就是角色的混淆。

有个议员问日本首相佐藤荣作：您做什么宰相？百姓生活，萝卜一斤多少钱您知道吗？佐藤答：萝卜一斤多少钱是农业大臣的工作，首相不必管这种事，这不是我应该过问的，我跟您的角色也不一样。

人的一生，有童龄的角色、青年的角色、壮年的角色、老人的角色。每个阶段都有他所扮演的角色与应负的责任，叫一个老爸爸天天去卖菜、送报纸，赚钱回家养活儿女，这就是角色的不当。

分工合作，就是不让角色混淆。有很多人，自己没有把自己的角色扮演好；观众兼裁判，裁判兼球员，这都是角色混淆，所以会有球场暴力纠纷的发生。

有一天，祖父看到孙子不乖，就打了孙子一个巴掌。一旁的儿子看了，心里不平，就打自己的嘴巴。祖父觉得奇怪，问儿子："您干嘛自己打自己的嘴巴？"儿子答："您打我的儿子，我就打您的儿子。"这就是不懂得厘清角色的扮演。

现在的社会，不会扮演自己的角色，反而多管闲事，被批评为"狗咬耗子"。过去的寺院丛林"油瓶倒下来不要你扶"，主要就是要各自扮演好自己的角色，不要混淆了，凡事都要捞过界，事情反而难做。如现在国民党成为在野党，因为没有做过在野党的经验，民进党现在执政，过去也没有做过执政党的经验，所以常常两党交集，混淆了角色，让百姓扑朔迷离，不知道谁是谁非。

不管任何团体、单位，都有领导人的角色与被领导的角色；领导的角色也不一定是伟大，被领导的角色也不一定就渺小。唐太宗君临天下，八面威风，但是被领导的魏征，却为人所歌颂赞美，其地位并不下于一代的君主；红娘虽是一个丫鬟，但是在《西厢记》里她是穿针引线的重要角色。现在时代也非常开明，有最佳主角、最佳配角，甚至还有很多人做最佳的客串演出。

总之，眼、耳、鼻、舌、身、心六根，各有所司，各有自己扮演的角色，彼此不必争吵，否则自乱了自己的角色功能，那就天下大乱了。

单身贵族

现在社会上有一些女性抱定独身主义，她不想结婚，自己拥有一份杰出的职业，有厚实的经济能力，人也能干，在社会上单打独斗，独立生活，我们就称她为“女强人”。

女强人为时下许多年轻人所羡慕，因为她的生活无牵无挂，不必负担家庭责任，每天可以驾着流行汽车，随意到餐馆饭店用餐，不但交友自由，去处也随兴；有些仪态万千、面貌姣好的女士，更是女强人中的佼佼者了。

然而，女强人眼前看起来是非常的风光，但是她没有未来性，也没有依靠性，这是不能不注意的。说到“依靠性”，第一，她没有结婚，没有儿女，不和家族往来，只靠个人单打独斗，万一疾病来时，也需要亲友的照顾。父母养儿育女，都可能发生“久病床前无孝子”的悲凉景况，何况单身贵族，如果久病时，谁来照顾呢？

第二，单身贵族没有安全性。一个女人虽然勇敢机智，但是今日的社会，女人还是一个弱者。走夜路，男人敢，女人不敢；到一个冒险性高的地方，男人敢，女人不敢！所以虽然现在是男女平等，但是女人在先天上还是有一些不能和男人相抗衡的限制。

再如，单身贵族住在单身公寓里，万一小偷、坏人打破窗户，闯进了你的房间，那时你怎么办呢？所以单身贵族有单身贵族的优势，但单身贵族也有让人挂念的地方。

佛教妇女发心当比丘尼，虽也单身，但是她没有单身贵族的挂碍。因为女性出家当比丘尼，在教团里，她有很多的师兄弟彼此照顾，她有团体的关怀。即使年老了，她也有寺院团体给她依怙，让她退休奉养，让她颐养天年。所以她不必挂念年老时，有什么意外或个别的伤害，她也不必挂碍疾病时无助无伴，更不必挂碍年老色衰，无人青睐。所以真正的女强人，不是社会上的单身贵族，而是那许多出家的比丘尼！

当然，独身的比丘尼也要发愿，对物质要有淡泊的性格，对人群要能和谐相处，对技能要加强训练，对知识要不断地自我进修。只要比丘尼在教团里能进德修业，能具备各种条件与能力，并且热心服务社会，发愿广度众生，则比丘尼要比女强人更有安全保障，更有福气喔！

大地的生命

佛教里有一位菩萨，叫做“地藏王”。为什么叫“地藏”？有三个意义：一是“能生”；二是“能载”；三是“能藏”。

人的生存，人的拥有，实在要感谢大地。大地普载万物，就是要我们能为社会大众担负责任；大地里藏有能源，金银财富，各种煤铁油矿。我们也要像大地一样，给予社会成就各种资源，贡献出力量；大地能生一切，就是要我们能为社会生出种种善事，生出好言好语、生出好人好事。

所以，人是有生命的，就像大地一样，蕴藏着许多的能量；大地与我们是分不开的，所谓“天地人”，人与大地都是生命的共同体。我们在人间活着，都是要靠大地的培育，所以佛教里的睒子菩萨，每走一步路，都怕踩痛了大地；每丢弃一张纸屑，就怕垃圾污染了大地；每讲一句话，就怕声音太大吵醒了熟睡的大地。

如此爱护大地，因为大地和我们的生命息息相关。然而现在举世人类滥垦山林、滥建房屋、任意变更地形、任意破坏大地的原貌，引起了大地的反弹：海啸、山崩、地震、泥石流，无时无日不在向人类反扑。这不能怪大地的凶残无情，只怪人类没有珍惜大地的生存，因此他不得不表态，向我们人类发出一个警告。

在过去的原始部落里，他们视大地为人类的母亲，百般地爱敬；甚至奉若神明，不敢任意染污。但是现在的人类，窃占大地的生命、分割大地的生命、买卖大地的生命、滥垦大地的生命，造成你争我夺。大地虽然无言，眼看着这些百般糟蹋大地生命的人类，未来一些因缘果报的账目，真不知如何才能算得清楚。

因为人类过分伤害大地的生命，所以现在一些有良知的人挺身而出，从事环保工作，呼吁普世爱惜大地。闻台湾政治人物也有此觉醒，提出立法，给予台湾这块美丽的大地有暂时休养生息的机会。如果大家都能有此共识，我们也恳请大地与人为友，继续让人类在大地上成长，继续普载万物、含藏能源，让大地为人类创造生生不息的生机。

释放

被判刑坐监的人，刑期满了，“释放”的欢喜，不言可喻。鸟笼里的飞禽，释放以后，它能在天空中飞翔，那种获得生命自由的喜悦，多么可贵。

人体每天排泄，就是释放，假如身体里的污秽，如流汗、鼻涕、大小便溺等，没有释放出体外，不是要造成肠胃的疾病了吗？甚至为了身体的需要，有时还要放血，以促进新陈代谢。

房屋关闭得太紧，就得打开窗户，释放一些新鲜空气进来；地球释放一些热气、能量，就好像月亮、太阳释放一些光明给人，都会让人感谢万分。只是，如果释放太多，成为地震，人们就要受灾了。

花和草，所以受人喜爱，因为他们能释放芬芳的香味；鸟雀所以令人怜惜，因为它能鸣叫，释放动听的歌声。一些有人缘的人，我们喜欢亲近他，因为他能释放美好的语言，让人听了如饮甘露。

养在家中的鸽子，能放出去，也能回来；养惯了的猴子、松鼠，释放以后，也会恋主。释放，是很美好的事情，我们有金钱，可以将它释放一些，拿来布施；我们有好的知识，释放出来，可以教化他人；我们有好的语言，释放出来，可以给人欢喜；我们有力气，释放出来帮助别人，从事一些服务。

有一位太太，不肯行善做好事，禅师举起双手问她："如果这只手只能伸，不能曲，如何？"太太回答："这是畸形。"禅师再把手指握紧，问："如果这只手只能握拳，不能伸开，如何？"太太回答："这也是畸形。"禅师把握时机对这位太太说道："太太，一个人如果不能释放一点，布施给人，这也是畸形！"

大自然释放多少风霜雨雪，让我们感到春夏秋冬的可爱；地区政府释放一些好的政策，如老人津贴、青年入学贷款、儿童保健、劳工福利等，都能使民众获益，自然心生欢喜。

即使现在的国际间，国与国外交往来，也是要释放一点善意，争取他国的友好，增加友谊。能释放的人，都是品格高尚的人，都是内心富有的人才肯释放。你拥有吗？你肯释放吗？

自由、慈悲，都是在你的一念释放之下，才具善美！

众的重要

佛教把人称为“众生”，意谓“众缘和合而生”。世间上没有个人单独存在的时空，要存在，一定要靠大众相互依存，有了大众的因缘成就，个人才能存活。

如果没有人民，没有大众，就不能成其为国。一个国家的领导人，也是要靠全国人民的“万众归心”，才能“众志成城”；假如国家的领袖，甚至一个团体的领导人，不能获得“众望所归”，他就不能领导一方。就如《雍正王朝》剧中的一句话：“得民心者，可得天下也！”

众，实在是一个非常美好的意思。像“众生平等”、“以众为我”、“大众第一”，都是说明有了“众”，就能“众擎易举”，就能如佛经所云：任何一个法会，任何一个事业，都需要“众成就”。

世间上，居高位的人，都是“得有众望”的人，才能为众所推举；就如月亮高挂在天上，也是要靠“众星拱月”。就拿音乐来说吧！音乐也是要有“众乐齐奏”的和声，才会动听。

但是，重要的是，人也不能成为“众矢之的”，不能为众人所弃。大众能成就一个国家、一个政权；大众也能推倒一个国家、一个政权。所以古代为政者，都是以众人所需为需，以众人所要为要。

今日的时代，已经不像古代的专制政权，孤家寡人就能唱独角戏。一栋房子要靠沙石、砖瓦、钢筋、木材等众缘所成；一棵树、一朵花，也要靠泥土、水分、阳光、空气，才能成长。

但是，众能成事，也能败事，就如水能载舟，也能覆舟。尤其现在民主时代，讲究众议的重要，讲究集体创作，能够和合众缘，才能成事；如果你不合众，所谓“众怒难犯”、“众口铄金”，也会把你从高位拉下来。所以，众是非常重要的，和合众缘才能成事，这是不容置疑的真理！

佛教的出家人称为“僧”，就是“众”的意思。三人成“众”，有“众”才能成为僧团；单木不能成林，要靠众人聚集才能成为丛林。

丛林高山，群鸟聚集；过去的国家，也希望众人来归。但是，要得众，先要得到人心；得人心，自能近悦远来，这才是重要！

造字

中国的造字很有趣味，例如苏东坡取笑王安石：坡为土之皮、波为水之皮，则滑为水之骨了。由此而推，什么叫“被”，就是衣的皮，用布衣做皮，就是被；人为什么会“疲”倦？因为生病了，所以从皮肤的颜色就可以看出端倪。

有一位赵先生跟陈先生打招呼说：“‘东’先生您好。”陈先生生气地回道：“‘肖’先生您好！”赵先生听了很不高兴，就说：“我姓赵，您为什么叫我‘肖’先生？”陈先生说：“您割了我的耳朵，我就不让你走路。”

中国造字深富哲理，具有智慧。一个“国”家里，因为有人口，就会有干戈，所以国家战争不息；为了金“钱”，也会大动干戈，所以纷争不断。

此外，日有所知为“智”，将宝物分开即为“贫”，日月并存代表光“明”。甚至有人常自喻为仁义之士，“仁”者不是个体；仁者，要有二人的对等友好关系，才为仁者。

仓颉造字，为历史上大家所公认。其实认真说来，汉字应该不是某人所创，而是历史上集大家的智慧所成。

刘半农先生和赵元任先生合作谱写了脍炙人口的名曲《教我如何不想她》。曲中的“她”代表的是祖国，后来成为女人之代名词。在此之前，中国称呼并无男女的“他”与“她”之别，但为西洋翻译学上的需要，有人兴起区分之意，所以最初如鲁迅曾用“伊”字代表女性，直到刘半农创“她”字，经大家一致公认，“他”、“她”便成为男、女的代称。甚至形容动物用“它”，神明用示字旁的“祂”。如此造字就这样经大家的智慧，延续成为中国的造字文化。

唐代的武则天自称“武曌”，“曌”就是武则天所造，意指日、月，是自大呢？还是她的修为真的已经到了日月同照的境界呢？无从得知。宋朝的刘攽与苏东坡曾经互请对方吃“皛饭”与“毳饭”，这虽然是文人之间互相作弄的游戏，也可以看出两人善用文字的智慧。

佛教东传中国，为中国的文学增加了许多很好的名词字汇，例如“三世”、“因果”、“业力”、“无明”等，这些都是深富意蕴的名词，不像现代的新新人类，自创许多戏谑性的用语，如“很逊”、“很菜”、“酱子”，这些都是很轻蔑的用词，实在不足取。我们希望文化的发展，应该用庄严的心情，用深度的智慧，才能发展出更好，更有文化的字汇名词。

探病

世间上什么最苦？生病最苦。生病时，即使华屋大厦，住在里面也不舒服；金银财宝再多，也不能运用；妻子家人满堂，也不能代替我苦；山珍海味虽然丰富，却一点胃口也没有。所以英雄只怕病来磨，真是一点也不错。

当一个人生病的时候，如果名气太大，探病的人络绎不绝，为了接待访客，种种的辛苦，反而加重了病情。有的普通小民，到了生病的时候，所谓“久病床前无孝子”，有时连儿女都避不见面，哪里还有什么亲朋好友来探病呢？所以病床前的寂寞也是难以排解。

佛法里虽然鼓励人探病，并认为八福田中，看病是第一福田。但一般说来，儿童病房里都有慈母走动，老人病房常常是寂静冷清。所以佛陀以身作则，亲自为病比丘倒茶、为病比丘洗衣服。

现在即使有人看病，但也有许多不当的探病方式，譬如一直和病人讲话，让病人不得休息；或者一直询问病情，或者探病时间不适当。有时病人才刚开过刀，他好意想要讲些笑话帮助病人减轻病苦，结果病人大笑，反让伤口破裂而加重病情。

有的人探病，表情严肃，有的人讲话不当，让病人感伤，或者对自己的病情感到不乐观，产生疑虑。甚至有些人不鼓励病患相信医生，反要病患相信他的秘方，自己当起蒙古大夫，令人不知如何是好？

探病时态度要从容祥和，要面带微笑，不要乱报秘方，不要追问病情，也不要追问有无其他人来访，因为每个人只要问一次，生病的人却要不断地重复回答相同的问题。

对于如何帮助病患消除病床上的寂寞，可以送些轻松的书籍给病患阅读，也可减轻病情。但最好不要送一些不当的物品，如送糖果给糖尿病的人，或是送花给病人造成过敏，或是送牛奶给胃溃疡的人等。因为各种病情各对某些物品有禁忌，因此所送的东西都必须谨慎选择。

有一个董事长生病住院，公司的员工每回来探病，为了让董事长欢喜，便不断地报告公司这个月营运如何，利润多少……董事长满脸无奈地说："我现在不管订单、入账多少，我现在只要能够小便最要紧。"

佛说："八福田中，看病第一福田。"希望每个人都善于探病，让病人都能得到佛法的喜悦，得到亲人的关怀，得到朋友的祝福，得到身体的轻安。

三通

海峡两岸阻隔了数十年后，前几年开始一直在讲“三通”（通邮、通航、通商）。

三通，万民指望，这是海峡两岸共同的希望。只是碍于一些法令的束缚，以及你我的执着，让“通”这样的一桩美事，一直成为大众的遗憾！

现在本文从另一个“三通”先来通起。所谓人通、情通、理通，可能也不亚于海峡两岸的三通之于吾人的重要。

政通人和，这是一句古今不变的治国箴言。但是现在的当局，一来人事不通，为了选举，造成党派的分裂，地方情结的执着，人与人之间没有互尊互重的情谊，甚至因为政党不同、省籍不同，彼此互不往来。

你看，台湾客家人住在客家的城市，军人的眷属居住在他们的眷村里，高山族人也固守着他们的山地部落。人互不相通，彼此纠结不清；人不和，社会怎么能安定呢？

人与人之间不能交流畅通，有了情结就更为不通了。贫富之间的情结，学阀之间的情结，男女通婚的情结，士农工商存在的情结，劳资彼此的情结，老中青三代代沟的情结；这许多情结没有打通，当然也会造成人事不通，殊为可惜。

人与人之间不通、情义彼此不通之外，最严重的就是现在说理不通。我们的社会，人人都会讲理，但都是讲自己的道理，没有他人的道理。理者，是要两人以上共遵，才为有理；理者，要摆在台面上，相互平等，才有公理。理者，要大家认同，所谓要有普遍性，要有共通性，要有必然性，要有大众性，才会理通也！

现在我们的社会，大家都在讲理。但是，行政机构吵架，当然是因为理路不通；府会勾心斗角，当然也是理路有了障碍。整个社会人我之间，此亦是非，彼亦是非，尤其媒体推波助澜，没有公理、公论，理不通、理不平，社会怎么会可爱呢！

水沟不通，必定造成脏乱；人体血脉不通，必定造成疾病。世间的人也不通，情也不通，理也不通，这个社会当然就会生病了。所以，当务之急，不但是海峡两岸的三通，我们人我之间的三通，也是非常的重要喔！

名次

人在世间上，为了名次，常常有所争执，从争取第一名，第二名……甚至已经在高的名次之内，还要争自己是排名第几？所以很多人的一生，都是活在“名次”之争里。

政治上的人物，最计较的就是排名的名次；议会代表、各党各派也都要计较他们拥有多少名次。甚至从幼儿园读书开始，一直到研究所毕业，没有一次考试不计较名次。

一个人追求最高的名次，固然很好，但是“出头的椽子先烂”，太高的名次，容易招人嫉妒，所以有人就喊出“老二”的名次哲学。

现在世界上有各种的排行榜，例如有人排出世界上一百位名人的名次、一百位富豪的名次、一百个年薪最高收入者的名次，乃至一百位文学家、一百个大学等。甚至在宗教界里，也有人替宗教的领导人排名次。澳洲移民部部长菲力浦罗达克曾问：“世界上的宗教领袖当中，哪一位第一？”吾人对曰：“你最欢喜的就是第一。”

人体上，五官常常计较哪个最重要，五体也争哪个是第一，甚至五指也彼此互相争老大，大家都想当第一。大拇指一伸，我是顶好；食指指东指西，要人服从；中指认为自己居中，最长、最大；无名指戴金戴银，珠光宝气。当大家都说过以后，小指说：我合掌，对人恭敬、对人礼拜，在圣人之前，我最靠近他，应该就是第一。

好的父母，对儿女都说：“手心也是肉，手背也是肉”，心中根本没有第一、第二之分；但不擅于教育的父母会说：“我家老三最好，其次是老大还不错，老二总是惹我生气。”因为父母总把儿女分出名次，所以将来儿女的孝心，也要分名次。

有一则笑话说：在一个颁奖典礼的现场，当音乐响起时，只见颁奖台上只有第三名站在上面，其他人缺席的原因是：

第一名的人，因为兴奋过度，休克送医急救，无法领奖。

第二名的人，因为不服气输了，拒绝领奖。

第四名的人，因为不是前三名，没有脸领奖。

第五名的人说：“第四名的人都不领奖了，我也不好意思领奖。”

其实，一个人能够得到第一名，固然很好，第二名、第三名也是不错！所以，能大能小、能前能后、能一能二的人生，最为幸福快乐！

胜利之后

青年学子考试，希望金榜题名，能在考场中胜利；商人在商场上奋斗，希望能够发财致富，获得胜利；政治人物投入选举，也希望高票当选，求取胜利。甚至金马奖、金鼎奖、奥斯卡金像奖、诺贝尔奖等，也成为许多人梦寐以求，希望能够获奖，一举成名。尤其军队在战场上作战，无不希望打败对方，获得胜利。但是，胜利之后，要如何走下面的路呢？

学子考取之后，还是一样十年寒窗，研究苦读；商人股票发财之后，如何回馈社会，成为负担；政治人物当选之后，选举的人情债如何偿还，考验着政治人物的道德智慧；获得世界各种奖项的人，得奖后身负重任，更加需要多付出。即使是战争胜利之后，对于地方民众的安抚，对于各项损坏的重建，以及有功官兵的升级，耗损粮饷、弹药的补充，所谓“一将功成万骨枯”，胜利后的领导者，日子也不是很好过。

“美国总统”在现在青年最向往的职业中，排名第一百七十五名，然而美国的布什总统当选后，马上面对恐怖分子的挑战，承受全世界舆论的压力，接受全国民众的希望要求，真是“高处不胜寒”，总统也不是那么好当的。

人，当然是希望要能胜利；胜利人人希求，但胜利后的问题，你也要能够解决，责任也要能够担当。科学家研究高科技的产品，希望造福人类，获得胜利成功；经济学家希望他的理论能为全世界人民带来财富，一举成名。文学家、哲学家等，也莫不希望在各自的领域里，都能高人一等，取得胜利。

长荣的张荣发在航业史上的独创风格，王永庆在塑料业及六轻工业的领先群伦，张忠谋、林百里在电子业的一枝独秀，证严法师在慈善事业上的杰出表现，他们的成功胜利，都为举世人类带来莫大的福祉。

胜利成功，人人希望，人人要求。但胜利不是要打倒别人，主要的是要战胜自己，把自己的陋习打败，把自己的自私打败，把自己的愚昧打败，把自己的悭吝打败，而且能塑造自己的新形象，待人更谦虚，更乐于为人服务，让人人赞美，人人欢喜，这才是真正的胜利。所以，胜利之后，更要有大悲愿，更要发大心去完成更大的使命，这才是真正的胜利。

缓冲

两军作战，需要有缓冲的地带；事业成功，也需要有缓冲的时间。人生，讲究快速向前，但也不是一味地横冲直撞，在人际的时空当中，要有缓冲的认识。

建筑工程中，很重要的一环，需要有伸缩缝，以缓冲冷缩热胀的反应。开车的时候，先要发动引擎，让车子有数分钟的加热，这一点缓冲的时间，会增加车子上路后的快速行走。

人的身体也要有缓冲的调节，就如在做激烈的运动前，都要有缓冲的暖身时间。甚至一个深呼吸，一个微笑，也可以用来缓冲我们紧张的情绪。尤其讲演的人，双目的注视、轻微的咳嗽，也是缓冲自己的情绪，以便自己讲说的稳健。

建筑房子要有防火巷、海边风大要种植防风林，海浪冲击堤防要堆置消波块，这些都是用来缓冲物与物之间的磨擦，以保障安全的距离；甚至长途远征，高速公路边上都建有许多休息站，也是为了缓冲旅行者的疲劳；乃至旅馆、施茶亭、凉亭的设置，都是为了旅行在外的人，身体需要有一些缓冲。

现在的周休二日，也是为了缓冲工作的疲劳；进步的社会还提倡上午咖啡时间，下午也有下午茶，就是为了缓冲紧张的工作压力。甚至人的身体，除了晚上睡眠之外，还有午休，也是为了缓冲无休止的作业，以便“休息是为了走更远的路”。

人生有些事情是需要时间缓冲，但有的时候也是刻不容缓；当急则急，当得缓冲，则需要缓冲。能动能静，能快能慢，固然很好，但是在快慢、动静之间，缓冲的运用还是非常的重要。

现在是一个忙碌的社会，都要靠打拼才能赢，但也有的人没有勇气打拼，就干脆懈怠，养成惰性。其实，在现实生活里，工作要学习一些缓冲，人情要学习一些缓冲，金钱要学习一些缓冲，利害关系之间，都应该有一些缓冲的时间，这是非常重要的。

独立精神

世界上有很多殖民地国家，为了争取独立，不惜做出各种牺牲，发出各种宣言。如美国有《独立宣言》；孙中山先生发出“希望全世界以平等待我之民族”的呼吁；印度甘地用“不合作”主义争取独立；韩国的李承晚，一生一世为了谋取韩国独立，后来终于担任韩国复国后的第一任大总统，正是人如其名，承担起韩国救亡图存的责任。

现在日本富士山之所以为人所爱敬，甚至视为日本人的精神象征，因为它独立，从四面八方看去，并无前后，它巍峨耸立，傲然不动。

有独立才有自主权，蚂蚁、蜜蜂，都有独立追求生命的自主精神；它们自己酿蜜，自己储粮，所以种族能繁衍不息。西方人为了培养儿女独立的精神，采取“不是只给鱼吃，而是教他钓鱼”的方法。

社会上很多残而不废的人，因为有独立的精神，如郑丰喜、乙武洋匡、海伦·凯勒、贝多芬等，故而他们的成就非常人所能企及。

宇宙万物虽然同体共生，因缘和合；但是每一个东西，如地水火风，都是各自独立的，彼此可分可合，可合可分。如《华严经》有“总相”、“别相”之说。总相就是同体共生，别相就是各自的本体，如桌子有桌子的功用，椅子有椅子的功用，各有专长，各有特质，各有其功用。

但是，宇宙万物都离不开因缘，因缘聚，则和合；因缘灭，则各自独立。所以，有因缘，就会有许多的“因缘所生法”；没有因缘，也希望可以独立生存。

独立，要有力量，小孩子不会走路，经常跌倒，不能独立时，也要依赖大人扶持的因缘。独立，要衡量有无独立的条件，当没有能力独立时，不要妄自独立，因为战争死伤人命，代价太大，太可怕，宁可被人统治，尚且还能谋求生存，还有成功的希望。

人格也要独立。“师父引进门，修行在个人”，就是要自我独立；“迷时师度，悟时自度”、“求人不如求己”、“各人生死各人了”、“念佛就是念自己”，都是独立的精神。禅宗的祖师参禅修道，佛也不拜，也是独立精神；但不拜佛并非与佛有仇，而是说明人人皆有佛性。

独立，讲究精神，讲究意志，讲究为社会、为自身的生存而奋斗，谓之独立。有的人把自己的孤僻说成是独立，其实独立不是孤僻，人是生活在因缘里，要在大众里共同生存，因此不能离开因缘条件，不能离开群众。

独立的人，心里有大众；独立不是只求个己的小我，应求大众。独立的人，心中有大众；孤僻的人，心中只有自己。

出奇制胜

英国著名的小说家毛姆，本来是一名医生，后来投入文学的创作生涯里。但是最初他所写的文章，出版后乏人问津。不过他并不气馁，反而更加坚定意志，他相信自己的文学才华总有一天一定会被发掘。后来他就想出了一个办法，他在报上刊登一则征婚启事，上面写着："本人温柔体贴，英俊潇洒，热爱运动，家财万贯，并且具有艺术天分，今诚征类似毛姆小说里所写的女主角为终身伴侣。"果然没多久，他的书就被抢购一空了，这就叫做"出奇制胜"。

美国有一个植物园，因为园大树多，经常有人偷摘花木，看守园林的人很是头痛，有一天灵机一动，就在园门上方写着一排告示："如果有人检举偷盗花木者，奖赏美金二百元。"好奇的游客问管理员：为何不按通常的习惯，写成"凡偷盗花木者，罚款二百美元？"管理员不假思索地回答说："如果那么写，只能靠我的两只眼睛辛苦地到处巡逻，而现在可能有几百双眼睛，帮我看管园中的花木呢！”这一则告示，充分展现了出奇制胜的智慧。

佛教的一休和尚，从小机智过人，当他还是沙弥的时候，有一天信徒供养师父一瓶蜜，当天师父正好有事要出门，又怕自己不在时，一休偷着把蜜吃了，所以临出门时，特别把一休找来，告诉他说，信徒供养的这一瓶是毒药，千万不可以偷吃。岂料师父才一踏出寺门，一休就偷偷把整瓶蜜吃了，过后才想到师父回来如何向师父交代呢？聪明的一休于是把师父最爱的一个花瓶打破，等师父回寺，一休装成哭得很伤心，上前向师父请罪说：“我因为不小心打破了师父最喜爱的花瓶，一时感到罪过无比，就把整瓶毒药吃了，以死向师父谢罪。”一休的“以死谢罪”，令师父无法怪罪，这就是出奇制胜。

现在的人，促销手腕都很高明，如铁路局为了招揽乘客，有一段时期卖起怀旧便当，甚至特别利用“永康”到“保安”的地名，巧妙地连成“永保安康”一词，许多人特别搭上一程，为的就是收集这张火车票当纪念品。

此外，百货业者为了刺激买气，有的用“清仓打折”，有的以“限量供应”，或者喊出“跳楼大拍卖”来促销，这种种的花样，都是为了出奇制胜。

出奇制胜，如果对己有利，对人无害，无可厚非；出奇制胜，如果让别人吃亏上当，自己获益，这样的行为就不足取了。

英雄

人有崇拜英雄的习惯，英雄在哪里？“在家里！”、“在每一个人的心中！”所有儿女心目中的英雄，就是“我的爸爸是英雄”。当然，今日世界上有许多出类拔萃的人，都是英雄人物，毛泽东在词里说：“数英雄人物还看今朝！”

在许多的英雄当中，以爱国英雄最为人崇拜，像黄花岗七十二烈士，像天安门前人民英雄纪念碑中，那许多为国牺牲的爱国英雄，至今常为国家祀奉，受到全民的怀念。清末的谭嗣同等六君子，他们虽然没有成功，但他们成仁，也是为人民崇拜的失败英雄。

爱国英雄之外，所谓民族英雄，像吴凤为了民族的和谐，赴义牺牲；张骞开辟边疆的交通，成就所谓“丝绸之路”；玄奘促进中印文化的交流；鉴真成为日本文化之父，他们都是英雄。

另外，还有航海英雄、劳工英雄、环保英雄、马路英雄。像中国大陆，一个小小的战士雷锋，他也能成为模范英雄，成为家喻户晓人物。

女人也有的不让须眉，成为巾帼英雄，像花木兰、梁红玉、秋瑾、穆桂英、圣女贞德等，都是女中豪杰，为人称道。

喜爱运动的人，驰骋在运动场上，造就了多少英雄人物，美国的拳王阿里、巴西的球王贝利、公牛篮球队的乔丹，日本棒球的王贞治等，都是体坛英雄。

在很多的英雄当中，最令人同情的就是许多的悲剧英雄，例如伍子胥一夜白了头发，再如诸葛亮“长使英雄泪满襟”。所谓“英雄不怕出身低”，只要努力奋斗、只要肯牺牲，英雄不但不怕出身寒微，甚至时势造英雄，英雄也能造时势。

当警察的人，除暴安良，他们就是英雄；当医生的人，能够救人之命，他们就是英雄。航海家冒险犯难，他们就是英雄；探险家登高履险，他们就是英雄。甚至《水浒传》里，梁山泊的一百零八条好汉，一个个都被称为武林英雄。

在每个寺院里，都有大雄宝殿，意指释迦牟尼佛就是英雄中的英雄，亦指大慈、大智、大勇猛就是英雄。做人，无论男女，都要有英雄的思想观念，可千万不能有狗熊的行为喔！

露营

各地的童子军都曾举办过大规模的露营活动，但现在也不一定是童子军，一般的家庭、团体，甚至个人，平时三五至友，只要携带帐篷及简单的装备，就可以相约到山林水边去露营。

说到露营，应该要以出家僧侣为露营的祖师。出家人过去行脚参访，“日中一食”、“树下一宿”，这不就是古老的露营吗？“一钵千家饭，孤僧万里游”，那许多行脚僧的生活，甚至他们规定“十八物”，如锡杖、方便铲、水囊等，都是为露营准备的工具。

过去有的出家人用云游行脚，像现在的自助旅行一样，在各处露营，甚至还有的行者茅屋一间，就如现在的帐篷露营一样，他们数十年的岁月，把生命交付给大自然，这就不是现在一般的“一日假期”、“周休二日”的露营所能比拟的了。

现代人的居家生活，无比舒适，有高广大床，有沙发座椅，有现代化的起居间，还有各种电器化用品，多么惬意，多么舒适，为什么反而要到山林水边，甚至旷野去露营呢？

露营可以磨炼意志，让每一个人训练自己操持食住，学习过团体生活，并与大自然接触，甚至学习野外求生的本能，养成适应各种环境的能力。所以，世界各地都规划很多地方供民众露营。在日本富士山旁、本栖湖边，就有很多的露营区，每逢假日，络绎不绝的露营者，看他们乐在其中的神情，真是令人羡慕。

国际佛光会童子军团团长李耀淳先生，曾经访问美国、纽约、加拿大、马来西亚等地，相继成立数百个童军团、女童军团，佛教露营风气媲美古今。

其实，考之于佛教的发展，庄严堂皇的佛寺都不是短期建成的。历代以来，除了国家敕建的佛寺以外，大部分都是志行高洁的僧尼，他们先以帐篷安居一处，每日拜佛、讲经，感化世人，然后有信者发起营建殿堂佛寺。所以，不从帐篷露营开始，也难得有富丽堂皇的佛寺殿宇。

露营是学习过野外的生活，可以藉此郊游、联谊，现在的社团应该多多鼓励民众参与露营的休闲活动，这要比每日沉醉在计算机的网络世界，甚至过着纸醉金迷、灯红酒绿的生活，要好上千万倍喔！

小动作

人与人之间，常常不能坦诚以对，不能开诚布公，总会玩一些小聪明、耍一些小把戏，或者做一些小动作，达到中伤对方的目的。国与国之间，有时在外交舞台上穿梭谈判，也总有一些花招计谋，或者一些小动作，以掩世人耳目。

小动作有时是为了引人注意，或是传达某种讯息。例如女人有时也会搔首弄姿，以小动作来增加她的妩媚；男士的一双马靴配件，一个马鞭，也能表示他的英雄威武。恋爱中的情人，更是常常要靠一些眉来眼去的小动作，以此眉目传情，表达情意。

棒球场上，球员要靠教练挤眉弄眼、比手画脚的小动作来指挥球赛；篮球场上，有时更是因为球技不如人，以推、撞、拉、扯，甚至拐手等，总会有一些小动作来伤害对方。

小动作也像针线一样，一针一线可以缝制成一件衣服；一个雕塑家，也要靠一些小动作才能完成一件艺术品。

小动作，往往是为了掩护自己的计谋，发挥声东击西的作用。两军交战前，其中一方都会用一些小动作，测试对方反应如何，以此一探虚实；甚至父母也会用一些小动作来教育儿女，商人也会有一些小动作来推销物品。也有一些人，在开会当时他不发言，专门喜欢在背后搞一些小动作来伤害你；在共事时，他也不以一些正当语言来跟你交涉，欢喜用小动作让你吃亏。

美国九一一事件发生时，恐怖分子以自杀式飞机轰炸世贸大楼，但没有达到瘫痪社会的目的，事后又以邮件包裹，散播生化细菌的手段，造成社会惶惶不安，其实这许多小动作，就是大罪过。

佛教讲三业，就是身口意的造作。指人的道路，手指往反方向一指，这个小动作让人走错了道路；口中说的语言，一句话引得别人堕落沉沦，或者是一个心念，对人的恶意伤害，虽没有直接杀人、伤人，但是意业犯下的罪业，已是无法原谅了。

正人君子，都是直来直往，即使一些方便，委婉曲折，他也不愿以小动作来暗中伤人。过去的武林人物，就是要拼个你死我亡，也是要正大光明的一拳一脚，一刀一枪，他也不愿在暗中用小动作来伤害于你。

光明磊落是君子，暗中动作是小人，我们可以自问：我是君子，还是小人呢？

一将难求

目前社会各行各业的领导人，都在物色人才，经常慨叹："千军易得，一将难求。"可见芸芸大众中，领导者在哪里呢？

"一将难求"意谓着人才难得。兴办教育，就是为了培养人才，父母送子弟出国留学，也是希望他们将来成材成器。

是人才者，要有为国忘我的情操，如汉朝霍去病，曾多次领兵大败匈奴，开辟通往西域的通道，促进西域各国与中国的经济、文化交流。他功在社稷，受封冠军侯，汉武帝曾想为他建造宅第，但是他拒绝说："匈奴未灭，何以家为？"

人才者，要有公而忘私的气节，如赵国名将赵奢，不但长于用兵，而且善于知人，他深知其子赵括虽然少读兵书，精通理论，但好奢谈，不务实际，所以曾说："兵，死地也，而括易言之，使赵不将括即已，若必将之，破赵军者，必括也。"不幸而言中，赵奢死后，赵孝成王听信谗言，以赵括替代廉颇为将，果然在长平之战被秦军所败，赵括丧师身死。

是人才而能为国所用，死而无憾；但也有的人才遇不到伯乐，如历朝的昏君，不就使得多少人才报效无门吗？这是个人的牺牲，也是国家的损失。像孔子、屈原，身负匡时济世的才能，但不能受到当朝王侯的重用；像文天祥、史可法，一直要等到国家衰微，已经无力回天，才征召他们出仕大任。

再如陆游如此一位爱国诗人，朝廷哪里重用他呢？因此他不得不留下遗言对儿子说："王师北定中原日，家祭无忘告乃翁。"杜甫的"功盖三分国，名成八阵图；江流石不转，遗恨失吞吴"。虽是咏叹诸葛亮辅佐刘备功败垂成之作，何尝不是对自身的怀才不遇，空有满腔的热忱与才华，却是一生报国无门，因此徒留"出师未捷身先死，长使英雄泪满襟"的感怀。

有了将，不会用，糟蹋人才，例如秦朝的名将蒙恬，因为赵高与李斯合谋篡改秦始皇遗诏，立胡亥为太子，逼令蒙恬与公子扶苏自杀。此外，六君子之一的谭嗣同、伟大的书法家米芾，乃至诗画名家唐寅、郑板桥等人，到最后一个个被杀的被杀、被困的被困，终至含愤而逝。

"世有伯乐，而后有千里马；千里马易得，而伯乐不常有。"我们虽然慨叹现在的人才难得，但也希望身为主管的领导者，应该要懂得培养人才、善用人才、重视人才；只要我们的社会多一些伯乐，何惧没有千里马？何必慨叹一将难求呢？

钟声

美国费城有一座自由钟，是美国发表独立宣言时，以此钟声告知世人：民有、民治、民享的美国诞生了！

钟声在佛教里有觉醒的意思。钟声除了当为号令，当为宣告事情的讯号，具有计时、纪事、集众的功能以外，就是要人反省的意思。所谓钟声可以敲醒人的迷梦，让人有警觉的提醒，可以使人厘清思路，往人生的前途出发。

基督教的教堂里，过去都有钟声；佛教的寺院里，也都有钟楼、鼓楼。但由于战争的原因，废止宗教敲钟，现在已经很少听到钟声了，所以今日做着迷梦的人，也就越来越多了！

世上最有名的钟声，除了费城的自由钟之外，要算中国寒山寺的钟声了。有名的唐朝诗人张继有诗曰："月落乌啼霜满天，江枫渔火对愁眠；姑苏城外寒山寺，夜半钟声到客船。"只是现在这许多警世的钟声没有了，反而英国伦敦计时的大笨钟，举世闻名。

《楞严经》云："食办击鼓，众集撞钟；钟鼓音声，前后相继。"可见寺院不但有钟声，还要击鼓。所以钟鼓齐鸣，必有庆典；即使没有庆典，每天都有"晨钟暮鼓"，也能给世人一些精神上的指针。

您看！寺院里敲钟的老头陀，每天神情专注地一边敲钟，口中还要一边念着："洪钟初叩，宝偈高吟；上彻天堂，下通地府。"曾经佛教云：钟声可以使地狱的众生减轻痛苦，所以又谓："闻钟声，烦恼轻，智慧长，菩提生。"

"钟声传三千界内，佛法扬万亿国中。"我们希望今日的社会，不要每天只是听到消防车十万火急救火的鸣叫声，我们也不希望每天只听到救护车把病人紧急送医的喇叭声，我们但愿每天都能听到寺院、教堂里传来和平的钟声，这才是对人心有正面建设的声音。

钟声虽然是来自教堂、寺院所带给人的警觉，但是真正的钟声，要来自于每个人的脑海，来自于每个人的心灵。在日常生活中，脑海里要不时有警钟响起，心灵上要不时有钟声回荡；自己也要不时的想一想，什么是该做的，什么是不该做的。

总之，现代的人生不要每天只是听到口袋里手机的声音，要去听自己体内自性所发出的钟声，从钟声里传来的不只是亲友的声音，要让圣贤也能跟你通话喔！

无名氏

在宗教里，有许多信徒很热心地奉献做功德，当中有的人希望留个名字纪念，有的人固执得不留名字，而且再三交代嘱托：你写“无名氏”就好了。其实，这还是和要名的意义一样，只是要一个“无名之名”罢了。

有人说：“三代之前唯恐好名，三代之后唯恐不好名”；名代表成就，代表荣誉，代表负责，要名，没有不好。只是有一些所谓“虚有其名”、“死执名义”的人，则就不值得称道了。一个人只要真正有所为，且能不计名义，对于有名无名，都能不系于怀，那就值得称赞了。

人生有的为名奋斗，有的为利工作，有的为义发心，有的为忠牺牲。能有所为而为，都是值得赞美。有的人只是滥竽充数，只是混水摸鱼、借机苟得，也想求得美名，那就不值得称道了。

我们不怕没有名，所谓“实至名归”，只要努力，种因还怕没有果吗？不过有的人滥用名义，像中国的政治，过去被讥为

健康，是最真的富贵；
知足，是最大的财富；
信仰，是最好的品德；
包容，是最美的情谊。

人之修养应：
如山之稳重，
如山之包容，
如山之崇高，
如山之坚忍。
人之美德应：
如水之流通，
如水之清澄，
如水之深邃，
如水之广阔。

“八行书”的政治，都是靠名人写一封信介绍、推荐来求职求位，这是给人为难。甚至有的人不肯具名，写匿名信到处陷害忠良，造谣惑众，扰乱社会的人情义理，这就最不上道了。

名也有很多的种类，善名、好名、美名、侠名等，虽然佛教教人要“无我相、无人相、无众生相、无寿者相”，实际上一切相只要有佛法，又无所不相。所以经云：“宁可起有见如妙高山，不可起无见如芥子许。”否决是不好的；我们要肯定的，要好的。所以，名，要肯定、要否定都不重要，好坏是有分别的。

选举，有时用记名投票，有时用无记名投票。说好，记名投票是以示负责；但是记名投票让人知道你支持某人，不支持某人，后果也会很难堪，所以人为名累，有名也不一定是好事。

在有名之下，要负起多少责任，要付出多少智慧，要给予多少贡献？但是有的人要名，只是自我图利，自我抬高身价，用名位骑在别人的头上，对于责任、奉献，反置之脑后，这种人有名还不如无名好。

要名，当然没有无名高；有的人虽然要“无名氏”，但对实质的名利，总还能放下。我们希望大家，做无名的英雄，做无名的奉献；只要一粒种子播撒在泥土里，都会有发芽、开花、结果的一日。因此，不要担心无名；有时虽然无名，但不是没有成就喔！

阶梯

人生如爬梯！爬阶梯不能躐等（超越），要一步一步地向上，才能平安；下阶梯，也是要循序而下，才能到达目的地。

美国九一一事件发生时，国际佛光会新泽西会长魏建国，当时正在世贸大楼的八十五层楼上班，当第一架飞机撞楼后，他紧急随着群众一楼一楼、一阶一阶地向下爬，由于大众秩序良好，因此大约花了十五分钟，便平安的抵达一楼。

城乡里，各家的大楼很多，山区间，高山也多，现代人懂得公共安全，总把各种阶梯尽量做得周全，有的在材料上选择，有的在式样上安排，总是要让阶梯能够使人走得平稳，能够求得人生的安全。

人的一生就是一部阶梯，哪一个年龄该在哪一个阶梯，要清楚明了；何时该爬上，何时该下梯？甚至阶梯也不是只有上，也要能下，所谓“爬得高，看得远”，但是爬得愈高，愈要懂得小心谨慎，人生才能平安顺利。

人生的阶段，有的人是以学问作为阶梯，慢慢地从小学、中学、大学、硕士、博士，甚至还要更进一步，成为研究专家，精益求精；有的是以生意作为阶梯，从小本经营，到了自立门户，成立小工厂，进而连锁经营，成为大投资。

修道也有阶梯，从十信、十住、十行、十回向、十地，到等觉、妙觉而完成菩萨道，最后才能成就佛道。

现代的人不脚踏实地，只想坐云霄梯，只想一步登天；他不晓得万丈高楼平地起，只想"建第三层楼"。这都是说明人生不容易满足，都想如何一直往上爬。例如买东西，从平价到追求名牌；如建房子，从平房到建高楼，甚至还要比赛，比高、比大、比快、比多。所以人生的阶梯，等于人生的境界，就看谁爬得更高了。

有的人爬得高，只是形相上的，其实真正的阶梯，是我心里的一把尺，心境上可以到达更高。有的人说，我的心比虚空还大，比天还要高，表示他的精神世界没有阶梯，不用阶梯，已经超越功名富贵，超越人情世故，超越人我是非，超越一切有无对待；超越一切阶梯，这就是人生。透过阶梯，到了不用阶梯，这便是人生另外一个境界了。

无聊

你觉得无聊吗？无聊的时候可以看书，你为什么不去看书呢？你觉得无聊吗？无聊的时候可以参加社会的公益活动，你为什么不去参与呢？你觉得无聊吗？无聊的时候你为什么不去找朋友谈谈心呢？你觉得无聊吗？无聊的时候你为什么不着手整理家务，打扫环境呢？

无聊的时间，要懂得打发。因为没有工作，没有兴趣，没有目标，没有欢喜，就会觉得无聊。无聊的时光，很难度过；只要肯忙，忙的时候就是动力，忙得有意义，就是营养。你看，凡是忙的人，都嫌时间不够用，总觉时间太少；百无聊赖的人，都是不爱工作的关系。

在时间上感到无聊的时候，只是个人的事情，还无大碍；假如讲话，尽讲些无聊的话影响别人，就会更加无聊了。现在的人讲话，经常言不及义，空话、废话一大堆，甚至张家长、李家短，说一些无聊的话损伤了别人，后果也会不堪想象。

人不但说话无聊，还有很多人做无聊的事情。损人又不利己，就是无聊的事；所做的事与人无益，就是无聊的事；没有目标的旅行，只想采购，只想随团消磨时间，那就是无聊的旅行。还有一些人有无聊的想法，例如想方法害人，想方法使人受苦，装针孔偷窥、窃听别人的隐私，这都是无聊的事。

现在的社会，有人怪媒体每天报导的都是无聊的新闻。但是，如果没有那么多无聊的人，尽说一些无聊的话，尽做一些无聊的事，心中有那么多无聊的想法，也就没有那么多无聊的新闻报导了。

什么样的无聊，都不是严重，就怕自己被别人批评为是一个无聊的人。无聊的人，六根都不清净，眼睛看无聊的情色；耳朵听无聊的靡靡之音；鼻子像探子一样，欢喜嗅别人的动静；嘴巴无聊，常常鼓起如簧之舌，讲别人的是非；身体无聊，常常做一些非法的事；心地无聊，所想的都是一些无聊的事，猜疑嫉妒，把别人想得很坏，当然别人就会说你很无聊了。

社会上，许多无聊的人专门串门子，东家长，西家短；机关里，串办公室的人，因为自己无聊去找忙的人聊天，当然也会给人感觉你是无聊的人。平时交无聊的朋友，走无聊的道路，买些无聊的货品，讲些无聊的语言，所以把家也变成无聊的家庭了。

你觉得无聊吗？找工作去做，就不会无聊了；你觉得无聊吗？到社会去当义工，就不会无聊了；你觉得无聊吗？找好书去读，就不会无聊了。

旅游文化

过去有人形容：到中国旅游是“晚上睡觉，白天逛庙”；到日本旅游是“上车闲聊，下车买药”；到美国旅游是“上车睡觉，下车尿尿”。

随着出国旅游日愈普遍，从旅游的方式可以看出每个国家的民族性。例如西方人欢喜三五好友，结伴自助旅行，走到哪里，都是悠闲自在地慢慢欣赏；中国人则欢喜赶鸭子式的旅游，走到哪里，他不研究历史文化，只喜欢照相，甚至也不下车，为了怕买门票，但对采买购物又特别有兴趣，每到一地，总要血拼一番，因此被讥为采购团。

其实，“读万卷书，行万里路”，旅游是为了了解世间的奇风异俗，为了通达各地的人情事理，为了充实知识，为了学习礼仪，为了增长见闻，为了广结善缘。像佛光山办的胜鬘书院，就是一个旅游的学校，在为期数个月的期间，到各国游学，让学生慢慢地认识各国的历史文化、风俗习惯、人文思想等，这才是旅游的意义。

在佛教里，阿弥陀佛也是提倡旅游的，在西方极乐世界的人民，每天早晨都要“各以衣裓，盛众妙华，供养他方十万亿佛。”观世音菩萨也是“游诸国土”，到处游化。甚至真正的旅行家其实是出家人，行脚僧到处云游参访，就是现在的自助旅行。

宇宙虚空本来就是一个学校，地球本来就是我们的教室。在日本的公司有奖助旅游，提供员工津贴，让你从旅游中扩大心胸，放大视野，将来回到公司，更能投入工作，更会有所成就。

旅游是现在无烟囱的工业，各个国家都在推行，不过旅游的文化也不能不提升。中国人旅游只想花少许的钱，都是赶鸭子式的旅游，在教育学习上都嫌不够。旅游应该吸收当地的文化所长，例如西方人在路上不高声寒暄，上车、参观都要排队，参加宴会也都彬彬有礼；日本人则不论坐车、等车，都是人手一书，静静地看书。所以，出国旅游，应该把这些好的美德都能吸收，才称得上是真正有旅游文化的现代国民了。

旅游是最好的教育，旅游不能只是游山玩水；旅游最大的目的，就是增加见闻、知识。所以，我们希望旅行社都应该研究、提升旅游的文化，这样才能达到旅游的价值与意义。

饭桌千秋

你有见过天堂里的人吃饭吗？天堂的人吃饭筷子三尺长，三尺长的筷子夹了菜，送不到自己的嘴上，就请对面及隔壁的人吃，所以天堂的人相互爱敬，一团和气。地狱的人吃饭也是三尺长的筷子，但是三尺长的筷子夹了菜，自己吃不到，被左右的人吃了，彼此就怪你骂他，怨恨不已，于是争吵不休。这就说明吃饭的教养、吃饭的礼节、吃饭的文化，各有不同。

中国人吃饭用筷子，西方人吃饭用刀叉，印度人吃饭用手抓。各种吃法的饮食文化，此中的特色、得失，就端看各个国家人民对他们文化的认同与否了。

中国人吃饭，要把碗中的饭粒吃干净，表示惜福；日本人吃面，要故意发出声音，表示煮得很好吃；西方人认为，要在碗盘里留一点东西，表示自己不贪吃。

中国人对于吃，非常重视，例如朋友、邻居见了面，总要问候对方“吃饱了没有？”甚至有所谓“吃饭皇帝大”。现在的人更为了面子，大摆宴席，用饭桌作为富有的象征，藉以表示自己交游广阔，所以大吃大喝也吃喝出许多的问题。

就拿吃相来说吧！有的人狼吞虎咽，口沫横飞；有的人酒后乱语，丑态百出，甚至饭桌上杯盘狼藉，真是不忍目睹。

此外，“病从口入，祸从口出”，吃得太多，肠胃也会不舒服，所以饭桌上带来负面的健康问题，带来人际间的一些语言计较，花了钱还不能得到好的效果，真是得不偿失。

基督教吃饭要祈祷，佛教吃饭要供养观想，伊斯兰教吃饭要感谢真主。有一则笑话，儿子每次吃饭时，总要感谢神明、感谢主的赐与，一旁的爸爸听了很不高兴，上前就给儿子一个耳光，生气的说：你吃的每一餐饭，都是老子我供应的，你不感谢我，怎么感谢起上帝来？

吃饭时，若能有佛教里的“五种观想”：一、计功多少，量彼来处；二、忖己德行，全缺应供；三、防心离过，贪等为宗；四、正事良药，为疗形枯；五、为成道业，应受此食。是则哪怕吃遍天下，也不致于有过失了。

笔

人类的文明，发明笔和纸，对于文明的进步是很重大的贡献。

从古以来，笔有毛笔、铅笔、蘸水钢笔、自来水笔、原子笔等名称。还有的以杨柳枝代笔、以芦苇代笔、以手指代笔。欧美有很多人作画，用各种的方法来代笔；甚至忠臣孝子以指代笔，用手指写下血书，更是留下了壮丽的事迹。

有的人歌颂历史学家，史笔无私，像董狐之笔，持笔公正；有的人歌颂笔的力量，所谓“笔力万钧”，表示文学家的才华。文学家笔下的山河大地，有时比画家的笔更来得扣人心弦。

笔不一定是用来写字，“口诛笔伐”、“一笔横扫千军万马”；梁启超笔下的一篇文章，袁世凯出价十万大洋，他也不为所动，终于靠笔推翻了洪宪帝制。

所以，枪炮的力量大，还是笔的力量大？枪炮只能致人肉体的伤亡，死伤还是有限，可是用笔留下了文字，影响力无远弗届。所以历代的贤臣名将，都秉持着春秋大笔来救国救民。

刀下留情，救人于一时；笔下留情，救人于千秋。自古判官的笔，代表着正义；古来多少的文人雅士，靠着笔耕，在笔下耕耘出自己丰实的人生。

过去的书法家运用一枝笔，留下了多少中国的文字艺术，如怀素的《金刚经》、王羲之的《兰亭集序》；“柳颜欧苏”四体，更成为青年学子学习的楷模。但时至今日，计算机慢慢兴起，已经变成计算机之力万钧，不再是笔力万钧了。因为计算机打字比用笔写字更快、更端正，所以时代的发展，江山代代有人才，物用也随着时代不同而日新月异。我们怀念笔对中华文化的贡献之余，我们也希望各种的笔能再发挥力量，再创造个人与国家的辉煌时代。

乌鸦笑猪

一群乌鸦，经常飞在养猪场的周围，对着养猪场里的黑猪取笑说：“猪呀！猪呀！好黑的猪喔！好难看的猪喔！”猪群因为跑不快，也不能飞，被乌鸦那么取笑，也只有忍耐。不过旁边的一只黄狗为猪打抱不平，就对猪献计说：“下次当乌鸦再来取笑你们，你们就反问它说：‘为什么不看看你们自己呢？’”

这段话说明，一个人往往只看到别人，没有看到自己。例如：笑别人说话不流利，自己讲话就很流畅吗？嫌别人啰嗦不干脆，自己就很简明扼要吗？看不起别人没有能力，自己就很能干吗？眼中看到的尽是这个人的缺点，那个人的不是，可是何曾想一想，自己就没有缺点吗？

“马不知脸长，猴子不知屁股红”，人，没有“反观自照”的功夫，就常常犯了不知“反躬自省”的毛病。“张家长，李家短”，说了一大堆闲话，其实那许多的长短，说的都是自己的行为。“来说是非者，便是是非人”，是非好坏，与别人何干？还不都是自己承担后果吗?

古人说:“是非只因多开口,烦恼皆因强出头。”人与人之间,其实都是“半斤八两”,但是专爱“五十步笑百步”。

目前全世界有一百多个国家,其中有已开发的国家、有开发中的国家、有未开发的国家。当然,他们的生活、文化、物质、经济、建设都不一样。有些已开发及开发中的国家,就取笑那些落后国家的人民,认为他们没有文化,没有智慧,品种低贱。难道我们当初不也是从洪荒而到文明的吗?难道我们现在的一切成就,是天生就拥有的吗?

所以,我们人类不要像乌鸦笑猪黑,大家都有经过落后的阶段,应该要有慈悲心,给予落后地区人民所需要的帮助,大家体认“同体共生”,互相尊重、友爱,这才是人类的文明,才是人类的进步。

过去儒家一直要我们反躬自省,佛教一直告诫我们要自我忏悔、反观自照。心地善美的人,所见皆善美。所以不是猪黑,也不是乌鸦黑,是我们自己也有着一颗黑心喔!

傀儡

曾担任华视新闻主播的李艳秋小姐，有一年得了金钟奖，她在受奖后举起奖杯，自我嘲讽说：这是“傀儡奖”！一时“傀儡”之名弥漫社会。

傀儡就是自己没有主见，无法作主，凡事受人操纵，称为“傀儡”。世间上的傀儡可多了，历朝的末代皇帝，大部分都是傀儡。现在政治界、文化界，凡是自己不能提出有益于社会的理念、方针，只是听凭少数人的摆布、利用，都称为傀儡。

一个人，当你受了别人的贿赂，遭受别人的操纵，就成为别人的傀儡；当你自己有缺点短处，被别人抓了小辫子，就成为他人掌控的傀儡。

有的人为了金钱、名利、权位，出卖自己的人格、尊严，成了被人唾弃的傀儡；有的人为了理想，执着文字、食古不化，成为文字的傀儡。有的人一直执着传统，墨守成规，成为历史的傀儡；有的人始终执着于习俗，不知进步、不知改良、不知创新，所以成为习俗的傀儡。

父母对于儿女的前途，横加干涉，甚至主观规划，希望儿女如自己所愿去发展，让儿女成为父母的傀儡。有的野心家，表面上推出一些政治人物站在台面上，实际上自己在幕后操纵国事，但是也有的人甘愿做他人的傀儡。

傀儡没有精神，没有意志，没有思想，没有自主，完全操纵于人，听人摆布。只要牵动一根线，就可以让傀儡手舞足蹈；一块布，就可以使傀儡上下翻滚。我们看到傀儡的动作、变化，实际上都是幕后的人在操纵。

一个人如果要活出自己，活出尊严来，应该从小就养成大众的性格、社会的尊严、国际的观念；能够活出有情有义、有血有肉的人生，才不会成为他人的傀儡！

一个处下位的人，听人指导，服从领导，这是表示忠贞；一个居上位的人，如果自己没有理想，没有能力，没有作为，只是听命别人，作别人的幌子，达到某些少数人的欲望、要求，就是傀儡了。

我们希望今天作傀儡的人，能够站出来，活出自己，做一个自我的主人，不要为人所利用，要把自己奉献给大众，能为大众所利用，就是超越傀儡的身份了。

作弊

作弊是一种投机的行为，如：考试作弊、选举作弊、牌桌上诈赌、运动选手吃药、做生意偷斤减两、伪造文书、工程弊案，乃至金马奖、诺贝尔奖、选美活动等，若在事先内定得奖人选，或是动了一些另外的手脚，都是作弊。

作弊不分古今，不分国籍、不分贵贱，是一种人性，即使是夫妻，有时候为了取得对方的信赖，也会作弊。

过去的大富人家，儿女从小指腹为婚；后来男方家道中落，女方就以侍女代嫁，这也是作弊。

历史上有名的"狸猫换太子"，就是一桩大舞弊案；美国总统尼克松，为了水门事件的弊案，从总统的位置黯然下台；菲律宾的马克斯总统，也是因为弊案的关系，流亡海外，到死都不能回归故国。

现代有一些不肖商人窃取他人的商业机密，有的人仿冒他人的商品，可以说，作弊的手段无所不用其极。甚至有的人制

一般雕刻家在塑造人物时，
总是鼻子大、眼睛小，
因为大鼻子可以变小，
小眼睛可以放大，
这是雕刻的秘诀。
凡事难免有估计错误的时候，
太过刻板的严密计划，
不见得能成功，
所以，必须预留「修正」的空间，
尤其在待人接物时。

做人要以有限的生命追求无限的永恒，
不要在小小的人我是非上计较，
浪费了大好的人生。

造伪药，如此作弊不仅于己德有亏，甚且危害人命。

此外工程作弊，也是事关人命，九二一地震倒塌的都是一些偷工减料的工程弊案所致。甚至现在的学术界，也有一些学者教授，因为抄袭别人的论文，自己一生的学术地位就此付诸东流，实在是斯文扫地，如此作弊，也甚不值也。

现在就算是宗教界，有的人自称“活佛”，有的人自封“无上师”，有的人用合成照片谎称灵异，有的人甚至自认为比释迦牟尼佛还要伟大。对于这些言行，聪明的人应该不用想，也知道是一些作弊的手段。

在佛教里，作弊就是大妄语，“未得谓得，未证谓证”，用谎言来欺世盗名。但是，有很多人在作弊的手腕之下失败者，也不知多少。

其实，把作弊的才华用来老老实实、脚踏实地地勤劳工作，一样可以出人头地，何必作弊呢？只可惜失败的人不知以作弊为殷鉴，实在可悲又可怜，徒然令人为他惋惜。

马后炮

下象棋的时候，有的人善于用“车”，有的人善于用“马”，但也有一些初学下棋的人，最喜欢用的就是“马后炮”。

马后炮指的就是“事后孔明”；也就是事前无能，事后才来吹毛求疵、吹牛吹嘘、批评攻击、幸灾乐祸、说风凉话，甚至扯人后腿，这些都是放马后炮的行为。

由“马后炮”一词，就延伸到社会上一些人常常不能洞察先机，不能在事先准备，不能做好安排，等到事后才来饶舌，才来怨你怪他，所以就被讥为“马后炮”。

八掌溪事件发生时，围观的人很多，但是大家都没有尽力去抢救，到了事后放马后炮的人，怪政府、怪领导人、怪地方机关，最后没有人负责，只有游锡堃先生请命下台，自己承担，以安民众不平之心。其实，当游锡堃辞职下台时，就可以看得出他有担当，未来将更有重用。

每年台风过后，由于事先没有做好防台准备，到了灾情发生后，大家都在放马后炮；对于地震、环保等公共安全政策，事先没有规划完成，到了事情发生之后，大家才来放马后炮，马后炮在大家一阵闹哄哄之后，也就没事了。

现在的时代，是个抢先抢快的时代，报纸的新闻报导，只要慢了一步，成为昨日黄花，即为读者所不喜欢；电视新闻一直回放同一则报导，也为读者所厌弃。现在都讲究先知先觉者，不能做先知先觉的人，也要做现知现觉者，后知后觉的人，就是落伍了。马后炮有时候能发挥威力，但一般在有备的情况下，光是会放马后炮，与现实、时事又能有何助益呢？

不做事先的准备，放马后炮的人就多了；事前充分沟通、协调，就无须放马后炮。现代的人都不赞美马后炮的言论，都希望先知先觉，凡事观察入微，洞烛先机。所以，与其放马后炮，做事后的孔明，不如凡事未雨绸缪，先做好事前的防范措施，总比事后再来放马后炮有意义的多。

墙里墙外

你的居家觉得安全吗？因为有墙，在墙里当然比较安全；在墙外由于缺少一层防护，可能就不甚安全！

墙，不但有墙里、墙外，还有高墙、矮墙。高墙是用来防范坏人，矮墙是用来防备君子。墙里是住着家人，墙外是住着外人。但是墙里的战争与墙外的战斗，同样激烈，像兄弟阋墙，甚至皇室里都会有萧墙之祸，墙外就更不得安宁了。

钱锺书在他的小说《围城》一书里，把婚姻比喻成围城，城墙外的人千方百计想要进来，城墙里的人则是拼了命想要出去。甚至墙外的朋友，都要划清界线。就是国家吧，重要的国防也是要靠城池稳固。秦始皇万里长城的建筑，就是想用城墙抵挡外侮，但即使是铜墙铁壁，侵略者一样要来攻城掠地。

有墙就有争执，像柏林围墙，德国的居民不就是为了这一道墙，而付出了血泪吗？在中东的耶路撒冷有一座“哭墙”，原为犹太人所罗门王神殿的西墙，在一世纪时罗马入侵，只有此墙残存，从此犹太人被放逐流浪。现在犹太人为了缅怀往事，见到这道墙时膜拜、祷告，往往情不自禁地流下伤感的眼泪，这就是“哭墙”的由来。

其实，中国的范喜良，被秦始皇拉去造长城，他的妻子孟姜女为了寻夫，真情所感，哭倒城墙，这应该是纪元前几百年前的事了。

墙，因为有区隔里外的作用与功能，因此墙有时被用来当作防火、防盗，以及隔绝噪音之用。但有时“隔墙有耳”，有时也会有人“挖你墙脚”，所以墙也会成为一种祸源。

清代张廷玉任相，儿子与邻居争地，特向在京城为官的父亲投书要求帮助，张廷玉回诗道：“千里求书为道墙，让他三尺有何妨？长城万里今犹在，谁见当年秦始皇？”可见墙除了保护居家安全之外，能够礼让，与人共享墙的利益，不是更好吗？

现在的建筑不断进步，从古代的泥土围墙，到现在的石头、砖块都是建墙的材料，甚至用钢筋水泥为墙。富豪巨贾之家，有内墙、外墙，甚至用玻璃为墙，再配以植花种树，成为花墙、树墙。有时贫苦人家也用竹篱笆当围墙，或用铁丝网做围墙。但是每一个人家，要家道兴旺，才能门墙整齐；如果家道中落，便会残墙颓瓦，一副凄凉的景象。

既是有围墙，人从墙边经过则可，但不要停留在人家围墙下，免得受人怀疑。墙，要有门路可通，才不会成为阻碍；世界的人心之墙，也要门路畅通，才能促进和平。我们的心墙有路可通吗？我们把心门建在哪里呢？

墙，有了墙我们才能得到安全，才能得到保护。但是墙里墙外，会成为不一样的世界。有的是墙内的问题，有的是墙外的纠纷，无论是什么墙，不要把好事阻碍了。墙里墙外，不能不有所融通喔！

古人曰

一般人讲话，喜欢引用“孔子曰”、“孟子曰”、“耶稣说”、“佛说”，主要是借助古人的圣言量，以提高自己说话的分量；甚至有人为文写作，都讲“古人说”、“哲学家说”、“文学家说”，这也是借助他们的意见，来帮助自己立论的根据，增加说服力。

在日常生活中，小孩子经常引用“爸爸说”、“妈妈说”，学生也会引用“老师说”、“教授说”、“同学说”，服务公司的员工总是讲“老板说”、“主管说”，从事政治的官员，也不得不说“领导说”、“主席说”、“上级说”，这表示自己说话不够有说服力，借用别人的话一说，增加信用，增加力量。

也有的人经常信口而出：“有人说”、“大家都这么说”、“那个人说”、“这个人说”！“那个人”、“这个人”到底是谁？这种道听涂说之言，不足一听。我们听话，要听有根据、有意义、有思想、有哲理、有励志、有启发性的话，例如：孔曰：忠恕；墨曰：兼爱；耶曰：博爱；佛曰：慈悲，这都是教我们为人之道。

美国总统林肯说："民有、民治、民享"，不但改变了美国社会，也改变了世界很多国家民族的思想。

第一位登陆月球的阿姆斯特朗说："我的一小步，是人类的一大步"，已经为现代人类的历史写下了见证。

美国第三十五任总统肯尼迪说："不要问国家能为你做什么，要问你自己能为国家做什么。"成为今日青年教育的最好教材。

历代以来，不少中外名人，他们的名句，至今依然为人所津津乐道，例如：

范仲淹说："先天下之忧而忧，后天下之乐而乐。"孟子说："天将降大任于是人也，必先苦其心志，劳其筋骨，饿其体肤……"胡适说："要怎么收获，先怎么栽。"李白说："天生我材必有用。"西方哲人笛卡尔说："我思故我在。"拿破仑说："我的字典里没有难字。"

尤其，佛说："一切众生皆有佛性，人人平等！"像这种对全世界发出的平等的宣言，实在是未来世界人类的一道光明。

我们对于古人所说的好话名言，应该要学习听话，把话听进去，听过以后，要能接受、整理、归纳、综合，在心中反复思维、反应，甚至发表心得，提出对问题的看法。最重要的，要能实践，如此好话才能成为自己成长的养分，才能真正受用。

人生跑道

人生有很多的跑道，职业上，有士、农、工、商，你是要选哪一条跑道呢？知识上，有文、史、理、哲，你是要走哪一条跑道呢？

有的人喜欢只就一条跑道，一路走下去，就这样过了一生；也有的人，一年换了好几个老板，常常换跑道，到最后一事无成。但也有的人换了跑道以后，他找到了自己真正的兴趣。有的人虽有才华，但他花天酒地，虽有能力，但他懒惰懈怠，就是不能走上正确的跑道。

有的人找不到自己人生的跑道；有的人跑道上的障碍太多；有的人在人生的跑道上走得艰难辛苦；有的人认不清自己的跑道，坐在此山望见彼山高。

飞机走错了跑道，就会有撞机的危险；汽车跑错了跑道，也会有撞车的可能，后果都是不堪设想。

人生有爱情的跑道、家庭的跑道、社会的跑道、经济的跑道、政治的跑道、各行各业的跑道，不管在哪一条跑道上，都会沾上一点边，发生一点关系，如何在这上面不出轨，平安无事，那才是真正的跑道。

在人生的跑道上，要有善知识的提携，就如飞机要有塔台的指引。人生的跑道，忠诚、正义、正派、公正、信用、诚实、勤劳、慈悲，都是人生正当的跑道，就如佛教的八正道，都是通往光明前途的大道，这才是人生的跑道。

同一跑道上，有时候也不是只有自己一个人在向前奔跑。因此，在人生的跑道上，要像车辆一样，懂得互相谦虚礼让，给予别人空间，这也是非常的重要。

路，是人走出来的，有时自己要为自己开发跑道。有的人到国外打天下，所以四海之内，多少中华儿女前仆后继，在国际跑道上冲锋陷阵，为中华民族争取荣耀；有的人躲避山林，陆沉荒野，不求闻达于诸侯，著书立说，他也能走出自己的跑道。

陶渊明走出隐士的道路；文天祥走出正气的道路，岳飞走出忠心耿耿的道路；爱因斯坦走出科学的道路；王贞治走出棒球的道路。所以，人生总要走出自己的道路；人生最好能走出忠孝节义，走上济世利人的道路，这是举世大众所应共创的康庄大道。

杀业

世间上最大的罪业，无过于杀生。大地有情，都有生命，怎可断其命，让其不能生；我乐他苦，“莫叫阎老断，自揣应如何？”

杀生虽然罪业很重，但也有轻罪，如无意伤害、过失造成，在法律上也会酌情减罪。但对于蓄意的杀人、自杀、他杀、叫杀、随喜杀，都是罪业深重；即使是动物中的猪、马、牛、羊、鱼虾、蚌蛤，也是上天有好生之德，都不可以随意乱杀。但现在的社会，活鱼十三吃，猴脑、蛇胆生吃活烧，如此杀生造业，社会风气怎么会善良美好呢？所以“欲知世上刀兵劫，但听屠门夜半声。”

说到杀生，一件衣服可以穿三年，你只穿了一次就不要了；一张桌椅，可以用十年，你只用了几天就丢弃了，这也是杀生。儿童玩耍时，任意把蜻蜓、蝉、蜘蛛、蚂蚁玩弄致死，如此造业，皆因父母没有从小施以生命教育，儿童不知惜福爱物，不知生命可贵。乃至家中的沙发，本可使用多年，却任儿女蹦跳毁坏，这都是杀生。

有的人杀生命，有的人不爱惜时间，杀时间也是杀生。例如游手好闲、不务正业的人，任由时间空过，失去生命的意义、价值，这就是杀害自己的生命。

说到杀生，也不一定要用刀枪才有杀伤力。很多人说话，比刀枪还厉害；写文章，揭人隐私，毁人名誉，都成为杀生；很多妇女，张家长、李家短，信口雌黄，破坏别人夫妻和谐，造成家庭分裂，这不但是杀人，连家也被毁了，更是严重的杀生。

人类最丑陋的行为，就是自相残杀，每个朝代里，每一次一个野心份子的一场杀伐，生灵涂炭，造成多少死伤！所以如西哲所言，即使战争胜利了，失去了生命，又有什么意义呢？

清朝打败明朝时，嘉定三屠、扬州十日，但清廷又能得到什么好处呢？德国杀害数百万的犹太人，日本人侵略中国，南京大屠杀的残酷行为，都让人谈杀色变。

一个民族不能杀业太重，一个人也不能长期杀生。对于杀的陋习，杀的罪业，无论当政者，还是升斗小民，都应该及时诫之。如果不相信杀业，难道要等“菩萨畏因，众生畏果”时，才能觉醒吗？

酸葡萄

一个人见不得别人好，对于比自己优秀的人，总要说一些风凉话去讽刺他、打击他，甚至对别人的成就，表现得不屑一顾，这种“吃不到葡萄说葡萄酸”的人，就称为“酸葡萄”心理。

一个团体里，太多“酸葡萄”心态的人，必定成为发展的阻碍。例如蒋中正和李宗仁、张学良、冯玉祥、阎锡山等人，因为彼此“酸葡萄”的心态作祟，所以自始至终高层不和，不能团结一致，实力消耗，实为可叹！

再回顾往昔的历史，秦朝时，李斯因为酸葡萄心理，见不得同学韩非比他优秀，所以导致韩非死于非命；三国时代，周瑜“既生瑜，何生亮”的感叹，也是一种酸葡萄的心理；清朝时，雍正皇帝对于兄弟争夺王位，从酸葡萄的心理产生怀恨，最后一个个秋后算账，所以兄弟阋墙，令人惋惜。

酸葡萄心理，是一种不成熟的表现。不过，我们批评一个人说他是酸葡萄的心理，是酸葡萄的性格；其实，酸葡萄只要经过阳光、和风的催化，它一样可以转变成甜蜜蜜的葡萄。问题是阳光在哪里呢？和风在哪里呢？这就是酸葡萄要注意的。

在佛教里，把酸涩比成烦恼。一个人与生俱来的无明烦恼，所表现出来的是贪瞋嫉妒，不但别人不能接受，连自己也引为束缚痛苦。他必需要有佛法的法水滋润，要有佛光的照耀，得到外力的助缘，使其内心逐渐变化，可能污染的会成为清净，无明的会成为明理，愚痴的会成为智慧，酸涩的会成为甜美。

酸葡萄性格和酸葡萄心理的人，固然是自己器度不够、眼界不宽、修养不足；更重要的是，当自己尚未成熟时，又遇不到阳光、和风的照拂，反而受到虫害、霜雪的侵袭，自然无法转化酸涩为甜美，所以是酸是涩、是甜是苦，自有其差别因缘。

农夫种植葡萄，要悉心照顾，不但要定时灌溉、施肥、除草，甚至在葡萄尚未成熟时，要用纸布包裹，以防昆虫叮咬。人，照顾自己的真心佛性，也要层层防护，以免受外境的污染。尤其重要的是，我们要有“转化逆境”的能力，如此才能转烦恼为菩提，如同葡萄转酸涩为甜美一样。

爱语

语言是人际交流的沟通工具，语言有好多种，妄语、恶语、绮语、挑拨离间语等，都会造成对人的伤害；唯有爱语，它像春风细雨，带来大地的生机。

爱语，是关怀的语言；爱语，是爱护的语言！世间上没有一个人不喜欢听爱语，而爱语并不是每一个人都能说的！同样的一句话，对人的尊重，对人的友好，对人的帮助，能够助成别人的信心、善行，就是爱语。

爱语不怕多，“爱语一句，满室芬芳”。爱语可以皆大欢喜，爱语好像花香，芬芳淡雅，无人不爱！爱语如布帛，让人温暖心怀，爱语如阳光，可以把温暖散播十方，可见爱语的重要。

父母教训子女，老师喝斥学生，长辈开导弟子，不管任何语气，不管怎样的措辞，那都是爱语。长官喜欢说爱语，部下一定心悦诚服地跟随；老板喜欢说爱语，伙计也一定心甘情愿地接受。父母兄弟姊妹之间更是要爱语不断，尤其夫妻经常说讨好对方的爱语，才能维持美满的婚姻生活，爱语是夫妻生活的润滑剂。

说到爱语，其实一句话要说得像样，说得中听，说得让人受用，实在也并不容易。平时我们所谓考试，以口试最为重要，所以从婴儿出生以后，父母就非常耐烦地教他说话。尤其为了将来成功立业，我们对人说话，除了要说实语之外，常说爱语也是成功的重要因素之一。

《佛光菜根谭》说："留几句爱语的和风，可以让人间充满尊重的温煦。"一个家庭，人人都说爱语，家庭必然和谐幸福；一个团体，人人都说爱语，团体必然一团和气；一个国家，人人都说爱语，国家必然上下一心！

所以，学习语言，要有文学的优美，要有哲学的回味；没有读书的人，出言吐语，俗不可耐，可见得读书才能增加语言的力量，才能增加话语的善美，才能皆大欢喜。

有人说："语不惊人死不休"。其实，不说爱语，不会爱语，不如不说！

婚姻

婚姻，一般人的认知，以为一男一女结合，长相厮守，成为夫妻，那就是一桩婚姻。其实，婚姻应该不只是一男一女的事，婚姻里面还包括家族的背景，所谓“门当户对”，不但经济的贫富、教育程度的高低要相当，即使这些条件都具备，如果彼此的价值观念、思想认知不同，也难以白首偕老。

有一对青年男女，彼此情投意合，已经论及婚嫁，但由于男方家庭重视家族聚会，女方每次应邀到男方家中聚餐，看到男方已婚的姊妹，总在席间互比财富、成就，尤其用餐时的繁文缛节，总让喜爱自由的女方深感受不了，因此毅然提出分手，放弃这桩人人看好的婚姻。

有时即使已经结了婚，也不能只靠一纸结婚证书来维系婚姻关系，必须有共同的兴趣、爱好，有共同的社交生活，共同的话题，才能维系彼此的心。有一个太太，婚前最大的爱好就是听大提琴演奏，婚后几度要求先生陪她参加音乐会，但总被先生敷衍、搪塞过去。有一次，她下定决心先买好了音乐会的票，无论如何要先生陪他一起参加。先生无奈，只得应命。到了演奏会开始，第一首才表演一半，先生就已呼呼入睡，而且鼾声大作，与台上的大提琴互相呼应。任凭太太又推、又踢、又捏，先生还是照睡不误，这时太太看着先生的睡相，只觉无限的孤单，不禁黯然落泪。

有的时候，夫妻对教养儿女的意见不同，也会让婚姻亮起红灯。有一个李教授，就是因为与太太在教育儿女的观念有所冲突，太太一气之下，写信到当局密告他通敌，说他参与敌人的集会，因此被关在绿岛十多年。

哲学家苏格拉底曾自嘲说："我因为娶了一个悍妇，所以成为哲学家。"但也不是每个人都有这么好的修养，在现实生活里，有的人因为婚姻不美满而远走他乡，浪迹天涯，有的人趁机出国留学，有的人干脆投身军旅，为的都是不愿再与对方痛苦地生活在一起。

有的夫妻，婚前数年的爱情长跑，结果结婚不到几个月，就因为兴趣不合、生活习惯不同、价值观互异，甚至买东西时，对颜色、式样喜好不同，对家具、室内装潢的看法不一致，甚至为了挤牙膏的方式不同而吵架，终至离婚收场。正是所谓"因误会而结合，因了解而分离"。

过去有很多人因父母之命、媒妁之言而结婚，却能白首偕老，这是因为男女双方能互相尊重对方、包容对方，因此父母之命，媒妁之言也未尝不好。

有的人个性太强，凡事必须依着自己，不能满自己所愿，就感到失望，这是一种执着。人因为过分执着，没有异中求同，不容许不同的存在，这种性格，在社会上交朋友、婚姻、处众，都很艰难。甚至即使出家当比丘、比丘尼，或是当神父、修女，在团体里，一样不能和人相处。

有一则笑话，如果哥伦布有个多疑的妻子，不断质问：“你到哪里去？跟谁去？去做什么？什么时候回来？为什么那个女人（西班牙女皇）要给你三艘船？”如此哥伦布能发现新大陆吗？所以，一桩美满的婚姻，先决条件，必须夫妻互信、互助、互敬、互谅，才能彼此互补不足，共创美好的未来。

空头支票

支票是有价证券，开立支票的人必须在银行里有一定的存款，才能在数额之内开支票。假如是超额，或者没有存款，让持有人领不到钱跳票，是为空头支票。空头支票在法律上是违反银行法，会吃上官司，纵使现在法律松绑，但是一个人一旦开出空头支票，信用破产，人格受损，则今后要想立足于社会，就万分困难了。

台湾地区过去有许多男士都用妻子的名义开户，任意开空头支票，结果违反票据法，最后监狱里却关了许多无辜受难的妇女，而丈夫则逍遥法外，最是不公。

现在社会上有许多政治人物喜欢讲空话，结果无法实现，别人就说他是开空头支票。民间人士竞选时许下的承诺，当选后不能兑现，也是开空头支票。当局昭告民众的承诺，如三年计划、五年计划等，最后都落空，所以当局也会开空头支票。

台湾过去发给老兵的授田证，好在当局最后有这笔预算可以支付，否则也成为空头支票。国民党当局过去也曾发行有价证券，如金圆券，最后都成为废纸，也可以说是空头支票。

工商业的生意场中、朋友之间开出的空头支票，虽然失信，但为数毕竟有限；当局的大政方针，历代许多的空头支票，让民众受损，可是当局不但不犯罪，而且不下台，失信于民，是为最大的不公。

世间上什么都可以破产，甚至房屋可以损坏，家具可以拆毁，庭园可以荒芜，但是信用不能破产。所以，人要在社会上立足，“空头支票”千万不能任意乱开喔！

棋子

下棋是社会上的一种娱乐活动，也是一种智慧游戏。棋有多种，有围棋、象棋、军棋、西洋棋、跳棋、五子棋，不管什么棋，都有其一定的游戏规则，也有它训练人机智的效果。所以，自古以来，古今中外都有各种的棋子。

人生也如一盘棋，每一个人都是一颗棋子，有时摆在重要的位置，是将、是相，有时摆在不重要的位置，成为小兵、小卒。有时一盘棋，到了最后，小兵、小卒也能立下大功，所以一颗棋子，倒不计较开始的大小，而要在乎最后立功多少。

人生的这一盘棋，上场以后，自然就会有输、有赢，输赢要把它视为常事，要用平常心接受。有的人赢了棋就得意忘形，有的人失败后就垂头丧志；受不了输赢的人，怎么能在人生的棋盘上互见高低呢？

就拿一盘象棋来说，有时要注意进攻，有时要注意防守，有时要攻中有守，有时要守中有攻，能够攻守自如，这才是活棋。我们任何一颗棋子，在团队里，是一颗活子，就有很大的功用。

下棋注重的是布局，有好的布局，才能稳操胜算，所谓“棋高一着”，才能进可攻，退可守，运用自如。车、马、炮在一盘棋里，是用来进攻的，将、士、相是用来固本保家的，兵卒虽然微小，只要通过楚河汉界，就能纵横敌营，发挥很大的力量，往往取得最后的胜利。

所以，吾人即使只是一颗小兵小卒的棋子，也不要慨叹自己的地位卑微，因为社会靠我，一局棋可能也是靠我来分出胜败。

人生如棋，在重要的位置，在不重要的位置，不必介意，只要恰如其分地发挥你的功能，展现你的特长，有时小兵也能立大功。

一盘棋里的车、马、炮，车有车的功能，马有马的作用，炮有炮的威力，要互相合作，才能进攻，不要相互排斥。将、士、相保卫家园，也要互相支持，不能各自为政，才不会为对方所乘。所以，下棋要各尽其能，各尽其用，才是最好的棋手。

两军交锋作战时，一个小小的探马，有时也能立下转败为胜的战功。詹天佑发明火车连结的环节，改善了交通，成为交通界的有名人物。士、农、工、商各界，都有许多的棋子，问题是我们如何才能在人生的棋盘上，立下举世无比的功劳呢？

朝会

语云："一日之计在于晨"，所以人不但注重早起，在团体里还注重朝会。学校里尤其注重朝会，团体机关也是注重朝会，寺院庵堂早课也是朝会，政商人物因为时间宝贵，约好"早餐会议"，那也是朝会。

曾经在日本有一家小旅馆，除了老板以外，只有一名员工，他们早晨起来，上班之前必定有升旗、唱歌、朗读信条等，所有朝会的仪式，每天必定行礼如仪。

军中不但有朝会，而且有早操、早习，所以非常重视晨间活动。古代的皇帝，虽然养尊处优，可以任性自由，但是不能不上早朝，所谓"五更早朝天未亮"，有三更五点的早朝，才能表现出一个朝廷活力。

在美国居住，每日凌晨四五点，高速公路上早已车声隆隆，大家都赶着上班。美国国力的强盛，在那隆隆的车声中，就可以听得出来。美国人的早起和朝会活动，与他们的国力强盛，应该有相当大的关系。

朝会不一定人类才有此良好的习惯，动物中飞禽也是早起歌唱、觅食。你可曾听到森林里的早晨吗？虫鸣鸟叫就是它们的朝会，河流里的鱼虾，也是早晨起来活跃。在微曦的晨光中，鱼跃虾跳其实就是他们的朝会；雄鸡早晨要啼叫，不但鼓励大家要早起，它们的啼声此起彼落，也是朝会。太阳于晨曦中，从东山冉冉上升，也是昭告世人，要早起，要朝会，生命才有力量。

我们的社会，虽然经济成长、物质繁荣，但由于过多的人不爱早起，喜过夜生活，晨昏颠倒，日上三竿还不起床。因为没有朝会，因为不吃早餐，这一天的日子不知从何时开始，这一天的信息、计划不知如何安排，这一天的朋友约会都不能提早确定。没有早起，没有朝会，实在是人生最大的损失。

许水德先生，强调他们的家庭生活，最重要的就是晨起会报，在同桌早餐时，家族成员每人必到。从早餐的聚会，到出门的分开，到了晚餐又再回家，所以人生可分可合，可合可分，那是多么美好呢！

从林寺院里的生活，最注重早起，甚至也注重早睡，所谓“晨钟暮鼓”，养成早睡早起的习惯后，不但增多了一日的时间，更争取了一生多少美好的岁月喔！

喝茶

人要有休闲的生活，在生活中总想制造一些生活的情调，例如花道、剑道，甚至琴棋书画，其中尤以茶道最为方便、最为经济、最为实惠。

人需要水的滋润，人体里有百分之八十是水分，每天都需要补充水分，所以需要喝水，甚至喝茶。喝茶有中国茶、日本茶、美加红茶、欧洲花茶、印度人喝奶茶甚至西洋的咖啡更是大行其道。

喝茶不但能解渴，而且增加朋友之间的联谊，培养生活的情趣。一杯热茶，上下古今，无所不谈。甚至经商的人，相约到茶馆，一边喝茶，一边洽谈生意买卖。朋友到茶馆叙旧谈心，从喝茶里也可以谈出更多的情感，更多的心意，更多的禅机。

茶不但解渴，而且提神。现在佛教里，宴会时随顺世间，经常以茶代酒；酒会醉人，茶不迷人。现在提倡读书会，以书会友，唱歌的以歌会友，写文章的以文会友。另外还有旅行交友、网络交友等，以茶会友则是一个最生活化、最平易可行的方法。

唐代的赵州禅师，任何人来访，他都说：“吃茶去”。这不是一句客气话，里中有很大的禅机，所以“赵州茶”、“云门饼”，成为禅门最流行的公案。

佛光山在开山之后，也提倡茶道，东禅楼里的佛光茶，任何客人来了，都教人不谈俗事，不谈金钱，请到客堂喝茶，谈论佛法，韩国佛教界曾以专文报导。现代从佛光茶往世界发展，慢慢成为“滴水茶坊”，取“滴水之恩，涌泉以报”的典故。

喜欢喝酒的人，一杯在手，后果很难想象；欢喜喝茶的人，一茶入口，清心润肺。茶也是调身明心、增加健康的圣品。讲究礼仪的家庭，家庭主妇在早餐后，总会准备一壶热茶，以待贵客光临。现代的家庭主妇，已经不重此道，甚至客来扫地，客去烧茶，这就很煞风景了。

过去的官宦人家，客人来了，主人就喊“上茶”，主人不好意思下逐客令，就说“请用茶”，意思就是端茶送客。现在日本还在流行茶道，一杯茶要喝上数小时，对于忙碌的现代人来说，平时一直喝茶聊天，也会荒废正事，反而不妙。

人生如茶味，茶有浓浓的、淡淡的、清香的、苦涩的；就好像人生，有的人要过浓浓的五欲生活，有的人要体验淡淡的修道乐趣，有的人要品味人生的得失，有的人过着忧悲苦恼的人生。如果你会喝茶，你应该懂得如何安排自己所欢喜的人生。

人情味

曾经有一个西方人到中国台湾地区来游览以后，对台湾的社会做了一句很中肯的评语，他说："中国人很有人情味，但缺乏公德心。"这真是一语中的！中国人很讲究人情味，所谓"礼多人不怪"，但对于社会的秩序、公共道德，就不是那么重视了。

自古以来，中国人对路边的施茶，对夜晚的施灯，都充分表现出中国人的人情味。有朋友自远方来访，家中并没有多出的客房可供住宿，但是他宁可自己到客厅打地铺、睡沙发，也要让出自己的床铺，请朋友留宿。亲朋好友一起吃饭，总喜欢替你夹菜、添饭，并殷勤地招呼你：再吃一碗、再来一杯。甚至手头拮据，宁可到处借贷，或到当铺典当，也要请朋友到餐馆吃一餐饭，这都表现出中国人的人情味。

到了现在，急难救助、伤残慰问，尤其关怀独居老人，不但一个为之，甚至呼众集体去访问、去帮助。看起来我们的社会到处都是好人，不过却也有人吞没救济金，借助伤残老人来生活，这就没有公德心了。

平时出外访友，总要带个礼物表示人情味；别人来访，也要以一点纪念品相赠，这也表示人情味。“礼物”的闽南语叫“等路”，也就是“伴手”，家人外出，总要带些东西回家，以慰家人儿女引颈企盼之情。甚至隔壁邻居也能分享礼物，可见中国人的人情味之浓厚！

古书有说：“爱鼠常留饭，怜蛾不点灯。”对老鼠都愿意留一点饭食给它，乃至为了蚊虫飞蛾过多，晚上宁可不点灯而摸黑，他也不愿意丧失自己的人情味。

养宠物是西方人的习惯，但中国人即使家中再贫，也要养狗、养猫，这倒不一定是真的宠爱，只是在人情上觉得应该跟猫狗做朋友。甚至家庭主妇数年没有外出，原因是家中有小儿小女，而且有猫有狗，在人情上她不能放下不管。有时候邻居也会表达人情味，自动出面说：“你们去忙，我代你们喂食家畜”，可见中国社会浓浓的人情味。

你有事出门，我代你看家；你农忙的时候，我帮你下田收成；你家中有喜丧婚庆，携家带眷都赶来帮忙；你要开店行商，有关者总是要来捧场祝贺。青年结婚，老人过寿，更是表达人情味的时候。我们除了赞美中国人的人情味以外，也希望大家能够再多加一分公德心，那就更为圆满了。

识时务

识时务者为俊杰！综观古今中外，有什么人是真正的“识时务”者呢？先从孔子说起，孔子在鲁国弃官不做，知其不可为也，这就是识时务。

汉朝的张良、明朝的刘伯温、清朝的邬思道，他们在建国大业完成后，并不恋栈权位。他们不愿做开国元勋，毅然引退山林，这都是懂得明哲保身，是非常识时务的人；正因为他们都能识时务，因此才能全身而退，得保善终。

三国时代，刘备在未建基立业的时候，屈就曹营，时时刻刻都小心翼翼，不敢和曹操并肩称雄，这就是他的识时务。楚汉之争时，刘邦居于弱势，不得不赴项羽的鸿门宴，并且在楚霸王之前，一直表现低姿态示好，这就是他的识时务。

韩信受胯下之辱的时候，很识时务，可惜后来他被功名富贵冲昏了头，当他一心想要封王，一直要求刘邦封他为齐王的时候，就已经埋下了杀身之祸，实在是不智之至，令人为他惋惜。

现在的国际政坛，也有很多识时务的人物，如：林肯解放黑奴，促使美国真正走上种族平等之路；邓小平先生改革开放，使大陆经济迅速成长，全民生活得到改善。

南非的白人总统戴克拉克，看出时势所趋，不能再对黑人施以高压统治，因此释放曼德拉，平息种族之争。后来曼德拉当选总统，和平转移政权成功，他实在可以说是一个能够看清时势的识时务者。

但是从古到今，也有一些不识时务的人，像袁世凯不顾舆论，硬要登位当皇帝，就是不识时务；像现在台湾的李登辉先生，虽然已经退位，还一直对他“戒急用忍”的政策紧咬不放，这样好吗？

目前中国台湾由于一些有识之士，着手教育改革，使台湾地区的教育品质提升。尤其倡导大学合并，所以有些大学都在研究合并的问题。假如那些主持校政者，真是如此用心，也可以说是有为有守的识时务者。现在企业界的一些富贾大亨，因为经济萧条，也在谋求产业合并，共创新机。看来社会上识时务的人，其实还真是不少呢！

佛教东传中国后，禅门百丈禅师避开戒律，另立丛林清规来统领教团，使得中国佛教有了革命性的突破，他是禅宗教育的推动者，也是一个非常有智慧，懂得识时务的伟大人物。

识时务者为俊杰，所谓识时务者，就是好汉不吃眼前亏。俗语说：“人在屋檐下，怎能不低头？”假如懂得急流勇退、懂得见风转舵、懂得见好就收，尤其懂得因缘的人，那更是识时务的智者了。

附录：
星云大师佛学著作

中文繁体版

《释迦牟尼佛传》

《十大弟子传》

《玉琳国师》

《无声息的歌唱》

《海天游踪》

《佛光菜根谭》

《佛光祈愿文》

《合掌人生》

《星云法语》

《星云说偈》

《星云禅话》

《觉世论丛》

《金刚经讲话》

《六祖坛经讲话》

《八大人觉经十讲》

《观世音菩萨普门品讲话》

《人间佛教论文集》

《人间佛教语录》

《人间佛教序文书信选》

《人间佛教当代问题座谈会》

《当代人心思潮》

《人间佛教戒定慧》

《迷悟之间》(全十二册)

《人间佛教系列》(全十册)

《佛光教科书》(全十二册)

《佛教丛书》(全十册)

《往事百语》(全六册)

《星云日记》(全四十四册)

中文简体版

《迷悟之间》(全十二册)

《释迦牟尼佛传》

《在入世与出世之间——星云大师佛教文集》

《宽心》

《舍得》

《举重若轻·星云大师谈人生》

《风轻云淡·星云大师谈禅净》

《心领神悟·星云大师谈佛学》

《不如归去》

《低调才好》

《一点就好》

《快不得》

《人生的阶梯》

《舍得的艺术》

《宽容的价值》

《苹果上的肖像》

《学历与学力》

《一是多少》

《三八二十三》

《未来的男女》

《爱语的力量》

《修剪生命的荒芜》

《留一只眼睛看自己》

《定不在境》

《禅师的米粒》

《点亮心灯的善缘》

《如何安住身心》

《另类的财富》

《人间佛教书系》（全八册）

《佛陀真言——星云大师谈当代问题》（全三册）

《金刚经讲话》

《六祖坛经讲话》

《星云大师谈幸福》

《星云大师谈智慧》

《星云大师谈读书》

《星云大师谈处世》

《往事百语》（全三册）

《佛学教科书》

《星云法语》

《星云说偈》

《星云禅话》

《包容的智慧》

《佛光菜根谭》